LK⁷ 2476

DOCUMENTS

HISTORIQUES

SUR LA VILLE DE DOME

(DORDOGNE),

Recueillis et publiés par J.-B. L.

AVEC DES NOTES ET DEUX PLANCHES.

> . . . . Non gloria nobis
> Causa, sed utilitas. . . .
> OVIDE.

PARIS.
IMPRIMERIE D'ADOLPHE ÉVERAT ET Cie,
16, RUE DU CADRAN.
—
1836.

Le titre de cet opuscule indique suffisamment que je n'ai pas eu la prétention d'écrire l'*histoire* de la ville de Dome.

J'ai lu quelques-unes de nos vieilles Chroniques, j'ai fouillé dans les manuscrits de la Bibliothèque royale et dans les archives de l'hôtel-de-ville de Dome, j'y ai trouvé des documents inédits ou peu connus, et qui m'ont paru intéressants ; je les ai publiés. Voilà toute mon œuvre : C'est une *compilation* et non pas une *histoire*.

J.-B. L.

Paris, 27 juin 1836.

EXPLICATION DES PLANCHES.

PLANCHE I.

Le dessin de *la Porte des Tours* a été pris sur les lieux mêmes, et ne manque pas d'exactitude. Malheureusement, l'artiste, chargé de le lithographier, l'a retracé sur la pierre dans le même sens que l'original : il n'a pas songé que, de cette manière, il arriverait que les épreuves rendraient le dessin à contre-sens..... et c'est ce qui a eu lieu ; de telle sorte, que ce qui est à gauche, dans la lithographie, se trouve à droite, dans *la nature*.

PLANCHE II.

Les trois sceaux qui composent cette planche, sont de la même grandeur que les originaux. Le dessinateur a rendu avec assez de fidélité les figures ou emblêmes qu'on y remarque ; mais il a complétement échoué dans la reproduction des lettres de la légende : les lettres originales sont *gothiques*, tandis que les lettres lithographiées sont presque *romaines*.

N° 1. — Sceau du consulat de Dome, ainsi que l'indique la légende, en partie détruite par la cassure de la cire...... Cosolatus vill.... tis dome.

L'empreinte en cire rouge qui a servi de modèle à ce dessin existe (unique) à la Bibliothèque royale, et est apposée sur un acte de 1370.

Les fleurs de lys qu'on y voit indiquent sans doute l'origine royale de la ville ; mais quelle est la figure qui occupe le centre du sceau? Est-ce la réunion de trois tourteaux ? (Les anciens seigneurs du Mont-Dome paraissent avoir eu pour armes un tourteau.) Ou bien doit-on y reconnaître la représentation d'une montagne, indiquant la position élevée de la ville ?

N° 2. — Sceau de la cour ou tribunal des consuls de Dome : S (Sigillum) CURIE CONSULIUN (*sic*) MONTIS DOME.

On remarque ici, quoique plus petite et placée différemment, la figure qui existe sur le sceau n° 1.

Je possède le sceau lui-même, en bronze : ce sceau a été trouvé à Dome, il y a quelques années, et m'a été donné par M. Et. Lasserre, receveur de l'enregistrement.

D'après le travail du bronze et la forme des lettres, il me semble remonter au quatorzième siècle.

N° 3. — Sceau de Gibert de Dome (celui qui en 1370 fut sénéchal du Périgord). S (scel) GISBERT DE DOME CHBLR (chibalier, chevalier.)

Un casque ayant un tourteau pour cimier; deux gantes pour supports : plus bas un écu ou bouclier, sur lequel est aussi un tourteau.

Ce cachet, en cire rouge, est apposé sur un titre de 1374, déposé à la Bibliothèque royale.

Documents historiques

SUR LA VILLE DE DOME.

Lorsque la France, divisée en provinces indépendantes et rivales les unes des autres, obéissait à une multitude de petits souverains; dans ces temps d'anarchie et de discorde, où la guerre se faisait non pas de monarque à monarque, non pas de nation à nation, mais de château à château, de seigneur à seigneur ; alors surtout que le canon ne décidait pas encore du sort des combats, le rocher de Dome, vaste, élevé, inaccessble, assis à pic sur la Dordogne, dominant des plaines fertiles, offrait une position formidable, que les travaux de l'homme rendirent bientôt plus formidable encore.

Aussi, dès les premières années du XIIIe siècle, l'histoire mentionne le château de Dome; et nous le voyons à cette époque servir de refuge aux Albigeois persécutés.

Dans la *Chronique de la guerre contre les Albigeois*, par Pierre, moine de l'abbaye de Vaux-Cernay, on lit :

« ..... His ità gestis, significatum est Comiti
» nostro, (Simon, comte de Montfort) quòd in
» episcopatu Petragoricensi erant castra, in qui-
» bus habitabant pacis et fidei inimici : et verè
» sic erat. Proposuit igitur Comes progredi, et
» invadere castra illa, ut, per Dei gratiam et
» auxilium Peregrinorum, expulsis ruptariis et
» raptoribus relegatis, pacem Ecclesiis, immò toti
» terræ Petragoricensium relinqueret. Omnes
» autem Christi et nobilis Comitis nostri adver-
» sarii, audito quod captum esset Cassanolium,
» tanto timore percussi sunt, quòd in nullâ mu-
» nitione etiam fortissimâ adventum Comitis et
» exercitûs ausi sunt exspectare. Movens igitur
» exercitus à Cassanolio, venit ad unum de cas-
» tris supradictis quod Doma dicebatur; et in-
» venit illud vacuum et absque defensore. Erat
» autem castrum nobile et fortissimum, super
» Dordoniam fluvium in amœnissimo loco situm.

» Statim Comes noster turrem castri, quæ erat » altissima et pulcherrima, et pene usque ad sum- » mum munita, suffodi fecit et dirui (1). »

(*Recueil des Historiens des Gaules et de la France*. T. 19, P. 98.)

Ce passage est intéressant : car il signale d'une manière précise l'existence d'un château sur le rocher de Dome, dès l'année 1214.

Mais, à proprement parler, *la ville* de Dome ne date que de 1280, vieux style, c'est-à-dire de 1281.

A cette époque, le Mont-Dome appartenait, en grande partie, à Guillaume de Dome; mais à l'extrémité occidentale du plateau s'élevait le château d'Amalvin Bonafos et de Bertrand de Gourdon.

Le roi Philippe III, dit le Hardi, voulut faire du Mont-Dome une place de guerre, capable de résister aux attaques des Anglais, alors possesseurs de la Guyenne ; et dans ce but il acheta la portion appartenant à Guillaume (2).

Le contrat de vente fut reçu par l'évêque de Cahors ; il est ainsi conçu :

« Raymondus (3), Dei gratiâ Caturcensis epis- » copus, universis et singulis Christi fidelibus » presentes litteras inspecturis et audituris sa- » lutem in Domino.

» Noveritis quòd Guilhelmus de Domâ, Do- » micellus, filius quondàm Pontii de Domâ de- » functi, et Dominæ Margaritæ, quondàm ejus

» uxoris, et Guilhelmus Trian (4), civis Catur-
» censis, Curator, ad instantiam quorumdam
» amicorum suorum sibi datus à nobis, in nostrâ
» presentiâ constituti de suâ certâ scientiâ, et
» suâ gratâ et liberâ voluntate vendiderunt,
» tradiderunt, cesserunt et concesserunt, et
» solverunt in perpetuum et quictaverunt.....
» pro ipso pretio quingentarum librarum ni-
» grorum turonensium, Domino Symoni de
» Melauduno, militi, Senescallo Petragoricensi,
» et Lemovicensi, et Caturcensi, pro Domino
» Rege Francorum illustrissimo, ibidem coràm
» nobis presenti ementi, et recipienti vice et
» nomine ejusdem Domini Regis et pro ipso,
» turrem, domos, edificia, jurisdictiones et ac-
» tiones, et omnia alia et singula jura. deveria,
» et dominia, quæ idem Domicellus habebat,
» et habere modo aliquot poterat et debebat in
» monte de Domâ Diœcesis Petragoricensis,
» prout ipse mons confrontatur et protenditur,
» ex parte unâ, usque ad trencatam quæ est
» juxtà castrum Amalvini Bonafos, et Bertrandi
» de Gordónio, et ex indè usque ad ripas flu-
» minis Dordoniæ, ex unâ parte, et usque ad
» rivum de fonte Giran (5) ex alterâ : Et prout
» ipse mons confrontatur et protenditur ex aliâ
» parte usque ad nemus, sive bosquetum, quod
» est inter forestam de Born (6), et montem præ-
» dictum, et ex indè protenditur usque ad fon-
» tem Giran, ex unâ parte, et, ex alterâ parte,

» usque ad pedem dicti montis, et ripas fluminis
» supràdicti..... ad faciendam bastitam in dicto
» monte, ad opus Domini Regis prædicti, et
» quidquid Domino Regi placuerit antedicto.....
» Salvis etiam et retentis eidem Domicello ho-
» minibus suis quos habet in dicto monte, sicut
» dixit, videlicet Guilhelmo de Podio (du Puy
» ou del Pech), Geraldo de Podio, Geraldo
» Donadei, et fratribus suis, Geraldo Manha
» (Magne), et heredibus eorumdem..... (*Le
reste de l'acte est de pure forme, et n'offre aucun
intérêt.*) «Actum Caturci anno Domini millesimo
» ducentesimo octuagesimo, die veneris proximâ
» post dominicam quâ cantatur officium : Invo-
» cavit me. » (7)

(*Original en parchemin (trésor des Chartes, boîte cotée Languedoc, n° 32), scellé de deux sceaux en cire verte : le premier, celui de Simon de Melun, chargé de sept besans, à la fasce chargée de quatre merlettes : sur le second, celui de l'évêque de Cahors, un évêque donnant sa bénédiction, tenant sa crosse; et au revers, la décollation de saint Jean-Baptiste*).

Telle est l'origine de la ville de Dome : un roi de France fut son fondateur ; et c'est alors que s'élevèrent les remparts et le château dont nous ne voyons aujourd'hui que les ruines.

Après avoir bâti les murailles de la nouvelle ville, il fallait y attirer des habitants : dans ce but, Philippe-le-Hardi accorda à Dome des priviléges étendus. La charte qui les établissait n'est point parvenue jusqu'à nous : elle fut perdue, lorsque les Anglais s'emparèrent pour la première fois de Dome, en 1347; mais deux chartes de 1348, données par Philippe VI, *dit de Valois*, existent encore, et reproduisent les priviléges accordés par Philippe-le-Hardi.

Ces deux pièces sont trop importantes, pour que je ne les rapporte pas en entier.

1.

Littera super eo quod habitatores montis Domæ possint habere consulatum.

« Philippus... Notum facimus universis pre-
» sentibus et futuris, quod nos ad supplica-
» tionem dilectorum et fidelium nostrorum bur-
» gensium et habitatorum villæ nostræ montis
» Domæ, qui solidâ et verâ constantiâ integræ
» et perfectæ fidelitatis purâ mente nobis et co-
» ronæ Franciæ corpora et bona sua quæcumque
» pro nobis et facto guerræ nostræ liberaliter ex-
» ponentes, hactenùs servierunt et ardenti
» desiderio servire cupiunt incessanter : eisdem
» veraciter asserentibus litteras et privilegia super
» consulatu et aliis eis dudum concessa, amisisse
» in captione dictæ villæ, anno preterito, per
» inimicos nostros prodicionaliter occupatæ,

» concessimus et concedimus de speciali graciâ
» illa quæ articulatim subsequuntur : *primo*,
» quod ipsi et eorum successores consulatum
» habeant, sicut retroactis temporibus, ante-
» quam dicta villa per inimicos nostros occupa-
» retur, ipsi et eorum successores habuerunt et
» habebant; quòdque ipsi sex consules anno quo-
» libet, in festo beati Michaelis, formâ hactenùs
» observatâ, eligant et eligere et creare possint,
» sicut illos ante occupationem et captionem
» dictæ villæ eligere et creare consueverant :
» qui consules sic electi et creati, juramentum
» fidelitatis in suâ creatione, senescallo nostro
» Petragoricensi, qui pro tempore fuerit, præ-
» stare teneantur, et omnia alia facere possint,
» quæ per alios consules ante hujusmodi occupa-
» tionem sunt fieri consueta. *Item* concedimus eis
» quod dicti consules sic creati et electi cognitio-
» nem habeant causarum civilium inter ipsos bur-
» genses et habitatores emergentium infra metas
» jurisdictionis dictæ villæ et in aliis jurisdic-
» tionibus contiguis, si eas ad manum vel do-
» manium nostrum, vel successorum nostrorum
» devenire contingat, si et quatenùs de hiis co-
» gnitionem habebant ante occupationem præ-
» dictam. *Item* quod in et de criminalibus causis
» dicti consules cum Bajulo nostro (8) dictæ
» villæ cognitionem habeant, sicut et ante
» hujusmodi occupationem habuerunt et habe-
» bant. *Item* quòd nullus habitator dictæ villæ,

» pro quocumque defectu seu clamore faciendo,
» coràm dictis consulibus eligendis et creandis,
» in civilibus nisi vigenti denarios duntaxat
» dictis Bajulo et consulibus solvendos, quo-
» modo libet solvere teneatur, si tempore dictæ
» captionis et occupationis et antè, tantùm et
» non ampliùs, pro prædictis solvi consuetum.
» *Item* quod quilibet burgensium et habitato-
» rum dictæ villæ furnum et molendinum in
» ipsâ villâ habeat et habere possit, si et qua-
» tenùs ante dictas captionem et occupationem
» habebant et habere poterant, illam solvendo
» servitutem et redibentiam quam antè hujus-
» modi occupationem pro eis solvere consueve-
» rant. *Item* quod dicti consules, burgenses et
» habitatores jurati (9) dictæ villæ sint perpetuò
» quicti et immunes pro se, animalibus et bonis
» suis à præstatione deverii vocati *Li Commu* (10)
» debiti nobis in Petragoricinio, sicut ipsi fuerunt
» et erant ante captionem predictam. *Item* con-
» cedimus quod ipsi consules, burgenses et ha-
» bitatores et eorum quilibet conjunctim vel
» divisim possint quoscumque census, redditus,
» feoda, prædia et hæreditates à quibuscum-
» que nobilibus et innobilibus personis acqui-
» rere, et ea tenere et possidere perpetuò per
» se, et suos successores, et de hiis suam facere
» voluntatem, et absque præstatione financiæ,
» si et quatenùs faciebant et facere poterant
ante captionem et occupationem prædictas.

» *Item* si casu fortuito, litteras et privilegia
» sua, quæ in captione dictæ villæ se dicunt, ut
» præmittitur, amisisse, vel copiam eorumdem
» sub sigillo authentico invenire contingeret,
» volumus et concedimus quod de ipsis plenè
» gaudeant, et utantur, sicut et ante hujus-
» modi occupationem faciebant. *Item* quod dicti
» consules, burgenses et habitatores et eorum
» quilibet teneant ayralia sua sub censu sex de-
» nariorum, sicut ab antiquo et ante captionem
» et occupationem prædictas eumdem solvi et
» præstari extitit consuetum. Insuper dictis bur-
» gensibus et habitatoribus concedimus et vo-
» lumus quod nec procurator noster senescalliæ
» Petragoricensis, nec alii officiales nostri con-
» sules, burgenses, et habitatores prædictos
» extra dictam villam montis Domæ pro quâ-
» cumque causâ reali trahere possint quomodo-
» libet in futurum. Quæ omnia et singula, ut
» firma et stabilia in perpetuum permaneant,
» nostrum presentibus fecimus apponi Sigil-
» lum, nostro et alieno in omnibus jure salvo.
» Datum Parisiis anno Domini millesimo trecen-
» tesimo quadragesimo octavo (1348.) » (*Trésor
des Chartes*, *registre* 77, *folio* 132, *n*° 239.)

II.

Salva gardia pro habitatoribus Montis. Domæ.

« Philippus... Notum facimus universis pre-
» sentibus et futuris, quòd nos, ad supplica-
» tionem dilectorum et fidelium nostrorum bur-
» gensium et habitatorum villæ nostræ montis
» Domæ, Consules, et omnia bona consulatûs
» ipsius villæ presentes et futuros sub protec-
» tione et salvâgardiâ nostris suscipimus et poni-
» mus per presentes, sub ipsis protectione et
» speciali gardiâ perpetuò remansuros; man-
» dantes Senescallo Petragoricensi et Caturcensi,
» cæterisque justitiariis nostris, vel eorum lo-
» catenentibus presentibus et futuris, ut dictos
» consules, familiares, gentes, et officiales suos,
» cum ipsorum et dicti consulatûs bonis qui-

» buscumque, et ad eos et ipsum consulatum
» spectantibus, quovismodo ab injuriis, violen-
» tiis, gravaminibus, oppressionibus, vi armo-
» rum, Laïcorum potentiâ ac novitatibus inde-
» bitis quibuscumque deffendent, ipsosque in
» suis possessionibus, franchisiis, libertatibus,
» juribus et saisinis, in quibus ipsos esse, suos-
» que prædecessores fuisse ab antiquo repererint,
» manu teneant et conservent. Non permittentes
» eisdem, aut dictis eorum familiaribus, gen-
» tibus aut officialibus in corporibus, vel in
» bonis, juribus, usibus, franchisiis, libertatibus,
» possessionibus et saisinis, aliquas fieri inde-
» bitas novitates : quas si factas vel illatas esse
» vel fuisse repererint, in ipsorum consulum,
» familiarium, gentium, aut officialium, seu
» aliquorum ex eis prejudicium, ad statum
» pristinum et debitum inditatè reducant, no-
» bisque et parti lesæ emendam condignam, ac
» ipsis assecuramentum legitimum juxtà patriæ
» consuetudinem si requisierint, præstari; præ-
» sentemque salvam et specialem gardiam pu-
» blicari in locis, et intimari personis, quibus
» et ubi expedierit, penuncellos etiam regios,
» in signum hujus modi salvæ et specialis gar-
» diæ, apponi in bonis et possessionibus eorum-
» dem, in terrâ quæ jure scripto regitur situa-
» tis, faciant. Et, pro præmissis diligentiùs
» exequendis, unum vel plures servientes nostros
» eisdem, suis sumptibus, si fuerint requisiti,

» deputent, qui, de hiis quæ causæ cognitionem
» exigunt, se nullatenùs intromittant. Quod ut
» firmum et stabile in perpetuum perseveret,
» nostrum presentibus fecimus apponi sigillum,
» nostro et alieno in omnibus jure salvo.

» Datum Parisiis, anno Domini millesimo
» trecentesimo quadragesimo octavo, mense
» junii (1348.) » (*Trésor des Chartes reg.* 77, *fol.*, 132, n° 238.)

Le titre suivant, qui remonte à Philippe-le-Hardi, achèvera de faire connaître la nature et l'importance des priviléges concédés à la ville de Dome :

« Philippus, Dei gratiâ, Francorum Rex : no-
» tum facimus... quod nos, consulum et habita-
» torum Castri de Monte-Domæ Petragoricensis
» Diœcesis precibus annuentes, concessimus eis-
» dem quod castrum nostrum prædictum ressor-
» tum habeat cujus fines extendi volumus usque
» ad metas inclusivè, quæ inferiùs nominantur,
» videlicet : usque ad castrum de Domâ veteri,
» Gaulejacum, Alhacum, Montem fortem, Vi-
» tracum, Rupem-de-Gajaco, Castrum-Novum
» (Castelnau), Berguiguieras, Syoracum, par-
» rochias de Campanhaco, de Bozico, de Flo-
» rido-Monte, de Gaumerio, de sancto Mar-
» ciali, et de Ebiraco (Nabirac) cum pertinentiis
» dictorum locorum ; et quod omnes habitatores
» prædicti castri pro se et familiis et animalibus
» eorumdem, quæ infrà metas prædicti ressorti

» habebunt et tenebunt, à præstatione Commu-
» nis nostri Petragoricensis, quantùm ad nos per-
» tinet, sint perpetuò liberi et immunes; et quod
» omnes causæ emergentes ratione nostri res-
» sorti, vel nostræ proprietatis, pro rebus et
» personis infrà metas prædictas contentis, apud
» Montem-Domæ coram nostris gentibus venti-
» lentur et etiam terminentur. Nolumus autem
» quòd consules castri nostri prædicti de Monte-
» Domæ extrà fines ejusdem castri quos (sic)
» habuimus ab abbate Sarlatensi (11) et Guil-
» helmo de Domâ, Domicello possint, propter
» concessionem nostram prædictam, jurisdictio-
» nem aliquam exercere, nec partem percipere
» emendarum. Concedimus etiam prædictis con-
» sulibus et habitatoribus dicti castri de Monte-
» Domæ, quod ipsum castrum extrà manum
» nostram vel successorum nostrorum de cætero
» non ponatur ; sed in dominio nostro et potes-
» tate et successorum nostrorum ac etiam pro-
» tectione perpetuò remanebit....... quod ut
» ratum et stabile permaneat in futurum pre-
» sentibus litteris nostrum fecimus apponi si-
» gillum. Actum Burdegalæ (*Bordeaux*), anno
» Domini millesimo ducentesimo octogesimo ter-
» tio, mense junio (1283) » (Archives de Dome).

Aux priviléges énumérés dans les trois pièces qu'on vient de lire, il faut en ajouter un autre, celui de battre monnaie.

En effet, dans les lettres-patentes données à

Toulouse, le 14 avril 1369, *v. st.* par le duc d'Anjou, nous lisons : « Volentes insuper ac
» etiam concedentes ut..... ibidem moneta fiat,
» seu fieri possit et valeat..... » (12)

Il est donc certain que Dome a eu le droit de battre monnaie; mais je ne pense pas que, dans l'origine, ce privilége, dont on ne doit pas d'ailleurs s'exagérer l'importance, ait été concédé à la ville de Dome.

Car si, dans le principe, ce privilége eût existé, les titres que je viens de rapporter, et qui sont les plus anciens, en feraient mention : or, ils sont muets sur ce point. Il faut donc reporter au XIVe siècle seulement la concession de ce droit, puisque les lettres-patentes du duc d'Anjou sont le premier titre où nous le voyons figurer.

Il paraît, du reste, que Dome n'usa pas de son privilége d'une manière bien légitime; car voici ce que porte une ordonnance de Charles VI, insérée dans la *Collection des ordonnances des rois de France*, T. 7, p. 767.

« Charles..... au Seneschal de Xaintonge......
» nostre procureur en ladite Seneschaucie, nous
» a fait exposer qu'il est venu à sa cognoissance
» que aulcunes gens des dites parties, affin de
» décevoir nostre menu peuple, ont porté ou
» fait apporter du pays de Dome grans quantitez
» de faulses monnoyes contrefaites aux nostres,
» très mauvaises, et de très mauvais aloy......

» pourquoy nous vous mandons, etc., etc......
» Donné à Paris, le 13ᵉ jour d'octobre de l'an
» de grâce 1388, et 9ᵉ de nostre règne. »

Quoi qu'il en soit, Dome ne jouit pas long-temps de ses priviléges avec tranquillité. Une pensée de guerre avait donné naissance à cette ville ; bientôt la guerre lui fit sentir toutes ses fureurs.

On a vu, par la charte de 1348, qu'en l'année 1347, les Anglais avaient pris Dome, et que la trahison avait favorisé leur victoire, *in captione dictæ villæ anno præterito per inimicos nostros prodicionaliter occupatæ.*

Les Anglais ne conservèrent pas long-temps cette place ; bientôt après ils en furent chassés par le sénéchal Guillaume de Montfaucon.

Il est même à remarquer qu'ils n'avaient pu 'emparer du château : j'en trouve la preuve dans une ordonnance du roi Jean, du 21 octobre 1357, par laquelle il est enjoint aux trésoriers des guerres de payer à *Jehan de Montfaucon, fils et hoir de feu Guillaulme de Montfaucon, jadiz seneschal de Pierregort et de Quercin,* les sommes que celui-ci avait dépensées, *pour garder et résister les anemis qui avaient occupé et pris par trayson toute la ville du Mont-de-Dome, excepté le chasteau dudit lieu* (13).

Les noms de quelques uns des traîtres qui avaient livré la ville aux Anglais, sont venus jusqu'à nous : au mois de juillet 1350, *circà festum beatæ Mariæ-Magdalenæ*, ces misérables furent pris, renfermés pendant quinze jours dans le château de Dome, et pendus sur les lieux témoins de leurs crimes.

C'est ce que nous apprend la pièce suivante, dans laquelle le sénéchal du Périgord et du Querci ordonne, au trésorier de la sénéchaussée, de payer la dépense faite pour la garde des prisonniers.

« Arnaldus de Yspania, miles, dominus de
» Monte - Yspano, capitaneus, et Senescallus
» Petragoricensis et Caturcensis pro domino nos-
» tro Franciæ rege, providenti viro thesaurario
» regis dictæ Senescalliæ vel ejus locum tenenti,
» salutem : Cum anno præsenti, circà festum
» Beatæ Mariæ-Magdalenæ, per gentes nos-
» tras armorum Guillermus Nadal, Burdus de
» Burdeliâ, dictus Negron, et B. (Bertrandus?)
» vocatus Amrussa, et tres alii proditores, sca-
» latores villarum et castrorum regiorum, (quo-
» rum aliqui interfuerunt, dùm loca regia
» Montis-Domæ, et Sanctæ-Fidis fuerunt sca-
» lata et per ipsos et alios inimicos regios pro-
» ditionaliter capta), capti fuerunt, et plures
» alii proditores, usque ad numerum viginti-
» quinque interfectorum, in dictâ captione, et
» dicti capti vivi, de mandato nostro, in castro
» regio Montis-Domæ ducti, et per quindecim
» dies ibidem detenti in carcere, cum duobus
» custodibus ad ipsos fideliter custodiendos :

» post quos dictis quindecim diebus elapsis,
» dictus Guillermus Nadal, et alii sex in arbo-
» ribus in nemore de *Las Damas,* (14) ubi mer-
» catores depredando, et alios subditos regios
» interficiendo delinquerant, suspensi fuerunt,
» qui in patriâ, nec in obedientiâ dicti domini
» nostri regis nulla bona habebant..... Datum
» Caturci, sub sigillo nostro proprio, die xxii
» mensis martii, anno Domini millesimo trecen-
» tesimo quinquagesimo. » (1350, v. st.) (mm. ss. de la bib. roy.)

La funeste bataille de Poitiers (19 septembre 1356), et le traité de Brétigny (8 mai 1360), qui en fut la suite, livrèrent le Périgord aux Anglais : « ..... Le Roi d'Angleterre, porte le
» traité, aura pour lui et pour ses hoirs parpe-
» tuelment et à touz jours, tostes les choses qui
» s'ensuivent..... la cité, le chastel, et toute la
» conté de Pierregort, et la terre et le paiis de
» Pierreguis..... (Rymer, t. vi, p. 219 et suiv.)»

Dome passa donc sous la domination anglaise; mais ce ne fut que sur l'ordre formel du Roi de France, que ses consuls consentirent à se soumettre aux vainqueurs, et à prêter serment de fidélité entre les mains de Jean Chandos, lieutenant-général du Roi d'Angleterre.

Chandos le reconnaît lui-même dans l'acte suivant, qui existe encore dans les archives de Dome :

« Johannes Chandos, miles, vice comes sancti

» Salvatoris, locum tenens generalis in Franciæ
» et Occitaniæ partibus domini nostri regis An-
» gliæ, Yberniæ et Aquitaniæ..... notum faci-
» mus quod, cum consules Montis-Domæ, sub-
» diti immediate dicti domini regis, nobis
» nomine regio præstaverint *de expresso mandato*
» *domini Franciæ Regis,* fidelitatis et hobedien-
» tiæ juramentum, nos eisdem concedimus.....
» Datum Sarlati, die primâ januarii, anno Do-
» mini millesimo trecentesimo sexagesimo primo.
» (1361, v. st.) »

Ce serment, que la force leur avait imposé, les habitants de Dome ne tardèrent pas à l'enfreindre. En 1369, lors du soulèvement de la Guyenne, ils chassèrent les Anglais, et se remirent sous l'obéissance du roi de France

C'est en vain que ce même Chandos, qui peu d'années auparavant avait pris possession de la ville, vint mettre le siége devant Dome : il fut bientôt obligé de se retirer.

Froissart raconte ainsi cet événement : « Quand
» ils (les Anglais) virent que rien ne fesaient,
» et que la garnison de Durivel (Duravelt) point
» ils ne prendraient, et séjournaient là en grand
» malaise, si avisèrent qu'ils se deslogeraient,
» et se trairaient par devant la ville et le chastel
» de Dome, en plus gras pays, ainsi qu'ils firent.
» Et était sire et gouverneur de ladite ville et
» dudit chastel, messire Guibert de Dome, qui
» en était seigneur, et avait avec lui un sien

» cousin chevalier, qui s'appelait messire Pierre
» Sanglier. Si avaient en audevant ces deux che-
» valiers les vivres du plat pays là environ tous
» retraits là dedans.

» Quand les Anglais et les Gascons, qui étaient
» là 1500 hommes d'armes, et 2000 que archers,
» que brigands, furent là venus, si se ordonnè-
» rent et se mirent en arroy de siége bien et
» faiticement (régulièrement), et commencèrent
» à assaillir la forteresse de grand' volonté. Si y
» levèrent plusieurs grands engins, assauts et
» escarmouches, où il y eut fait, le siége durant,
» de grand's appertises d'armes.

» Quand ils eurent là été xv jours, et ils eu-
» rent vu que rien n'y fesaient, ni rien n'y
» conquestaient, et si y gissaient en grand'
» peine et grands frais, si se avisèrent et con-
» seillèrent les uns par les autres, qu'ils signi-
» fieraient leur état et leur affaire au prince de
» Galles, leur seigneur, qui se tenait en An-
» goulesme. . . . .
. . . .

» Assez tôt après, messire Jean Chandos,
» messire Robert de Canolle (Knolles), messire
» Thomas de Felton, le captal de Buch, messire
» James d'Audley, et les autres seigneurs et che-
» valiers, qui là étaient, eurent conseil et advis
» ensemble, qu'ils defferaient leur siége, (car là
» à seoir rien ne conquestaient) et chevauche-
» raient plus avant sur le pays, et conquerraient

» villes et garnisons, qui s'étaient tournées fran-
» çaises nouvellement par l'effet des compagnies
» et des gens du duc de Berry.

» Si se deslogèrent et se départirent de Dome,
» et se mirent au chemin, et s'en vinrent par
» devant Gramat. » (Froissart, édit. de M. Bu-
chon, t. v, p. 83 et suiv.)

Le zèle que les habitants de Dome avaient déployé dans cette lutte contre les ennemis de la patrie ne resta pas sans récompense.

Le duc d'Anjou, par lettres-patentes données à Toulouse, le 14 avril 1369, *v. st.*, confirma tous les priviléges accordés précédemment à la ville de Dome, et en ajouta de nouveaux, notamment celui de battre monnaie (*Voir* plus haut p. 21).

Il rendit aussi en faveur de Dome l'ordonnance suivante :

« Loys, filz de Roy de France, frère de mon-
» sieur le Roy, et son lieutenant ès parties de
» Langue d'oc, duc d'Anjou et de Touraine, et
» comte du Maine, à nostre bien amé Estienne
» de Montmejan, trésorier des guerres de Mon-
» sieur et de nous ès dites parties, salut et dilec-
» tion, savoir vous faisons que en rémunération
» des grands pertes et domaiges que nos bien amés
» les consuls, bourgeois et habitants du Mont-
» de-Dome ont euz et souffers par les ennemys
» de Monsieur et de nous, pour ce qu'ils sont

» venus à l'obéyssance de Monsieur et de nous,
» yceulx de l'auctorité royal dont nous usons,
» et de grâce espécial, avons donné et donnons
» par ces présentes la somme de cinq cents francs
» d'or à prendre et avoir ceste foys sur vostre
» recepte. Si vous mandons.... Donné à Caours,
» le XXVIII d'aoust l'an de grâce M CCC soys-
» sante et dix (1370). » (Mss. de la bibliothèque royale.)

Gibert de Dome, que nous avons vu soutenir le siége contre l'armée de Jean Chandos fut fait Sénéchal du Périgord. J'en trouve la preuve dans une autre ordonnance du même Duc d'Anjou.

« Loys..... à nostre amé Estienne de Mont-
» mejan..... savoir faisons que nous avons au-
» jourd'huy retenu et retenons par la teneur de
» ces présentes nostre bien amé messire Gibert
» de Dome, *et Sénéchal de Pierregort*, lui vin-
» tiesme hommes d'armes, tant pour la visita-
» tion *de sa dite Séneschaucie*... donné à Tholose
» le XIIIe jour de septembre l'an de grâce mil CCC
» soyssante et dix. (Mss. de la bibliothèque royale.) »

(Quelques années plus tard, par contrat reçu par Guillaume du Poujet, notaire, Gibert fit don aux consuls de Dome de tout ce qui lui appartenait dans les paroisses de Dome et de Saint-Front-de-Brusc. Cet acte existe, en copie, dans les archives de Dome : il est fort longuement rédigé; en voici un extrait, qui fera connaître les noms des consuls en charge à cette époque, et ceux des témoins présents à la rédaction du contrat.

« In nomine Domini, amen. Noverint... quod
» anno Domini millezimo trecentezimo octuage-
» zimo quinto, apud Montem-Domæ, die martis
» post festum beati Albini, regnante illustris-
» simo Principe domino nostro Carolo, dei gratiâ
» Francorum Rege, ... nobilis et potens vir
» dominus Gilbertus de Domâ, miles, dominus
» Domæ (veteris).... dedit....donavit, cessit,
» concessit... Guilhelmo de Blancafort, Arnaldo
» Barberi, Amalvino de Rupe, et Petro de Manso,
» consulibus dicti loci Montis-Domæ..... totum
» jus, deverium, actionem, proprietatem et de-
» mandam quæ et quas habet.... in flumine Dor-
» doneæ, in parrochiis Montis-Domæ, sancti
» Frontonis de Brust, et omnes actiones reales,
» personales.....

» Acta fuerunt hæc supra, testibus presen-
» tibus ad hæc vocatis, Gasberto Martini, Ade-
» maro de Golema Domæ, Gasberto Fabri, alias
» Filhol, existente in servitio dicti militis, Gail-
» lardo de Millaco de podio Rupis, Joanne Cha-
» mas, auri fabro à Caturco, Arnaldo Bauri de
» la Albenca, Geraldo Textoris de Luzegio....
» et me Guilhelmo de Pojeto, authoritate regiâ
» notario publico.)

L'heureuse politique de Charles V, et les exploits de ses capitaines avaient un peu relevé la fortune de la France, et jusqu'à la mort de ce Prince les Anglais cessèrent d'inquiéter la ville de Dome ; mais ils reparurent bientôt sous le règne de Charles VI.

« Le pénultième d'avril 1383, dit le chanoine » Tarde, le château de Dome vieille, qui appar- » tenait à Guibert de Dome, est pris par les An- » glais, qui prétendaient aussi d'emporter la » ville. La nouvelle étant publiée, plusieurs An- » glais accourent au château, et plusieurs Fran- » çais se rendent à la ville, entre lesquels est le » seigneur de Baynac avec des forces prises de sa » taxe ; et les habitants de Sarlat et de Monti- » gnac y envoient hommes, armes et vivres. Les » Anglais, perdant espérance de gagner la ville, » se retirent dans le château, où ils sont assié- » gés. (A Dome il y avait une *bride*, laquelle on » fit jouer contre le château.) Bientôt réduits » aux abois, ils quittent la place, moyennant » une somme d'argent de laquelle Sarlat paya » 400 livres. »

On lit dans le même historien, que les Anglais prirent Dome en 1393, et que quelques jours après ils en furent chassés.

Au XVe siècle, ils furent plus heureux.

Bertrand d'Abzac, seigneur de Montastruc, et gouverneur de Dome pour le Roi de France, leur livra la ville. — En novembre 1421, les Français prirent Dome (mais non le château.) — Au mois de février suivant, les Anglais s'en emparèrent de nouveau, et en restèrent possesseurs jusqu'en 1438.

A cette époque, les Français, conduits par Jean de Carbonnières, seigneur de Jayac, prirent le château de Dome, et firent prisonniers Bertrand d'Abzac, sa femme et Archambaud d'Abzac, son frère. Deux des fils de Bertrand, qui s'étaient renfermés dans la ville, opposèrent aux assiégeants une vigoureuse résistance : cependant Jean d'Armagnac, lieutenant du Roi en Guienne, et le sieur de Castelnau de Bretenoux, arrivèrent devant Dome avec de nouvelles troupes, et forcèrent les assiégés à capituler.

A partir de cette époque, la ville de Dome n'eut plus à subir la domination des Anglais : désormais débarrassée de ces ennemis opiniâtres, elle chercha à réparer les désastres, suite inévitable de la lutte qu'elle avait soutenue contre eux pendant près de cent années.

Ces désastres étaient grands : les faits suivants, que je trouve consignés dans les notes de l'abbé de Lépine, et qui me paraissent extraits de l'histoire du chanoine Tarde, en donneront une juste idée.

« Le 4 février 1412 (*v. st.*), Rodolphe de
» Braelleu, dit Vinelhe, curé de Dome, et Ber-
» trand de Cadro, ou de Cayre, curé de Caudon,
» passent contrat par lequel Bertrand consent à
» ce que sa cure soit unie à celle de Dome par

» le pape. Cette union est fondée sur ce qu'il y
» avait anciennement à Dome plus de mille pa-
» roissiens, et qu'à cause des guerres il n'en
» était pas resté cent; et que, d'un autre côté,
» il y avait la moitié de la cure de Caudon où
» il ne se trouvait pas un habitant.

» En l'année 1415, Guillaume de Marle,
» lieutenant du Sénéschal de Périgord, fait
» crier, par plusieurs fois, en la place publique
» de Dome, que inhibitions et défenses sont faites
» à tous les habitants de Dome, de quitter la ville
» avec intention d'aller habiter ailleurs, à peine
» de confiscation de leurs biens qu'ils avaient à
» Dome; et mêmes défenses à toutes personnes
» d'acheter les biens de ceux qui les voulaient
» vendre pour quitter la ville, sous peine de
» perdre les biens en tel cas achetés. Les guerres
» avaient déjà rendu le pays si désolé, que le
» peuple quittait tout, et s'en allait en Espagne
» ou ailleurs » (15).

Pour remédier un peu à cet état de souffrance, la ville de Dome sollicita et obtint du roi Charles VIII, l'établissement de quatre foires par an, et d'un marché par semaine.

Voici les lettres-patentes données à cette occasion:

« Charles.... savoir faisons.... nous avoir reçu
» humble supplication de nos chers et bien amés
» les manants et habitants de nostre ville du
» Mont-de-Dome, en la sénéschaussée de Péri-

» gord, contenant que ladite ville, qui même-
» ment nous appartient, est une des fortes places
» du pays, fesant une clef de nos pays de
» Guyenne...... parquoy est bien temps d'icelle
» ville entretenir et faire peupler....... et que,
» pour avoir moyen et commodité de ce faire
» serait convenable, pour le bien et augmenta-
» tion d'icelle et de la chose publique du pays,
» y establir et ordonner ung marché chaque
» sepmaine, et quatre foires l'an....... la premiére
» le neufviéme jour de novembre, la seconde le
» dix-septiéme jour de janvier, la troisiéme le
» premier jeudy de Caresme, et la quarte le
» troisième jour de juing, et ledit marché, le
» vendredi de chascune sepmaine de l'an.......
» Pour ce est-il que nous, ces choses considé-
» rées,....... ordonnons et establissons par ces
» présentes en ladite ville du Mont-de-Dome les-
» dites quatre foires l'an, et ledit marché par
» chacune sepmaine, aux jours dessus déter-
» minés........ Donné à Amboise, au mois de
» mars l'an de grâce mil CCCC quatre-vingt-
» quinze (1495, *v. st.*), et de nostre reigne le
» treizième (Archives de Dome) (16).

C'est ainsi que Dome demandait au commerce un soulagement à ses maux, lorsque de toutes les guerres la plus cruelle, la guerre de religion vint lui porter des alarmes nouvelles et des malheurs nouveaux.

Son plus implacable ennemi fut un gentilhomme né dans son voisinage, au château de Castelnau: je veux parler de Geoffroy de Vivant.

Écoutons le fils de Geoffroy nous raconter lui-même, dans ses Mémoires, les hauts faits de son père (17):

» ...... De longue main le sieur de Vivant
» avoit desir de surprindre la ville et chasteau
» de Dome sur Dordoigne, plus pour la forte-
» resse que son assiette (pour la plus-part inac-
» cessible) luy donne, que ses commodités ny
» richesses, car c'est une des plus pauvres de
» Guyenne. Et, dès le 18 octobre 1572, y ayant
» dressé des eschelles par la porte *del bosc*, le
» matin, après que les sentinelles eurent aban-
» donné la muraille, furent descouverts et re-
» poussés, luy blessé et plusieurs des siens d'ar-
» quebuzades et coups de pierres.

» Et le 4 février 1573, ledit sieur de Vivant
» dressa encore des eschelles sous l'aube du jour;
» mais estant descouvert fut contrainct de se re-
» tirer comme devant. Lors il y avoit garnizon
» de cent arquebuziers, commandés par le sieur
» de La Verniole.

» Le 5 juin en mesme an 1573, ledit sieur
» de Vivant fist une troisième entreprinse par le
» moyen d'un soldat de la ville nommé *Perch*
» ou *Peuch*, qui avait contrefait les clefs de la
» porte des Tours; mais s'alla descouvrir audit
» sieur de La Verniole, qui fist ouvrir la porte
» au jour assigné; mais, se doubtant de trahyzon,

» ledit sieur de Vivant envoya seulement quel-
» ques uns pour l'esprouver, lesquels estant re-
» tenus prisonniers, il se retira. Depuis le
» traistre fust pendu.

» Le 25 octobre 1588, deux heures avant
» jour, Vivant par une quatriesme entreprise
» prist Dome par escalade, qu'il dressa au lieu
» le plus fort et plus inaccessible, du costé de la
» rivière, dessoubs un rocher ou caverne appelée
» *Lo crozo tencho* (18), qui est à demy rocher,
» et néanmoins dans la ville, où la ronde ne
» descendoit point, passant au-dessubs du ro-
» cher : l'eschelle estoit de neuf pièces, toutes
» lesquelles montées faisoient 62 pieds de haul-
» teur : encore se trouva-t-elle courte, et fallust
» grimper par les branches des arbres plus de
» huict pieds. Ledit sieur de Vivant avoit re-
» cogneu et fait recognoistre diverses fois cet
» endroict ; et parcequ'il avoit esprouvé que les
» villes ennemies le sçachant à leur voisinage
» veilloient doublement, après avoir disposé
» toutes choses à son desseing, il s'esloigna à
» Caumont, 15 lieues loing ; et ayant assemblé
» ses troupes, il s'advança avec 100 hommes en
» tout sur l'expédition, en telle diligence, qu'il
» adriva en un jour à une lieue de Dome si se-
» crètement, que, la nuict, ayant par dixaine
» abordé la montagne et le pied du rocher, le
» capitaine Bordes, le premier, et Bramarigias,
» le quatrième, qui commandoit la première

» dixaine, puis les aultres si sccrètement et dex-
» trement, qu'ayant faict monter le sieur de
» Pecharnaut avec 27 et un trompette sans
» estre descouverts, coulant dans ladite caverne
» d'où ils donnèrent droict au corps-de-garde de
» la place qu'ils taillèrent en piéces ; et ayant
» fait sonner la trompette, et mis en fuite tous
» les habitants sans grand combat, ils allèrent
» chez le Consul prendre les clefs de la ville,
» ouvrirent la porte des Tours à Vivant et au
» reste de ses gens, où il entra avec ses troupes.

» Le chasteau restoit, qui est sur la croupe de
» la montagne de la ville, un des plus forts de
» Guyenne, où le capitaine Solvignac comman-
» doit en morte-paye (19), qui estant cette nuict
» au chasteau avec la garde ordinaire, oyant et
» voyant que la ville estoit prinse, se tint sur ses
» gardes, et retira une partie des habitants
» fuyards.

» Ledit sieur de Vivant le fait cerner et à ces
» fins se saisit du bourg de Dome-Vieille, et y
» loge une compaignie de gens de cheval : le len-
» demain, toutes les maisons, cavernes et adve-
» nues qui sont dans la montagne autour dudit
» chasteau sont saisies et réparées, pour empes-
» cher ceulx de dehors de le secourir et avic-
» tuailler; mais ayant appris que M. le mareschal
» de Biron et M. le baron son fils, qui lors se
» rencontroient à Biron, assembloient les Sénes-
» chaux et noblesse de Périgord, Agenois,

» Quercy et Lymosin pour le secours du chas-
» teau, Vivant se résolut d'y dresser de plein
» jour une escalade générale; et pour cet effet
» fit oubvrir la muraille qui sépare la ville dudit
» chasteau, où il fit donner fort bravement l'espace
» de deux heures, et dresser des eschelles; mais
» la hauteur du rocher, et de la courtine, oultre
» celle des tours, défendoit assez la place, avec
» des quartiers qu'ils fesoient rouler, qui met-
» toient tout en pièces, tellement qu'il fallut se
» retirer avec quelques morts et blessés.

» Le lendemain M. de Clermont, séneschal du
» Quercy, avec messieurs de La Mothe-Fénelon,
» Giverzac, et cent-vingt maîtres choisis, vint
» à paroître sur le haut de la plaine de Born, à
» un quart de lieue de Dome, où il se mest en
» bataille; dont le dit sieur de Vivant adverti
» fit sonner à cheval, et sans attendre le tiers
» de ses troupes, qui estoient logées à Dome-
» Vieille, monte au debvant d'eux, les va recog-
» noistre, lui avec le sieur de Giscard, seuls,
» juge à leur contenance qu'ils n'ont point des-
» seing de combattre, fait advancer sa tronpe,
» les charge, les mest en fuite, quoiqu'ils fus-
» sent doublement forts que lui, les poursuit
» jusques à Nabirac, bourg où ils avoient laissé
» leurs gens de pied pour les soustenir.

» Ils les font sortir à cet effet; mais le sieur
» Vivant fait jonchée d'une trentaine qui furent
» tués à l'entrée du bourg, partie se retirant

» dans l'esglise bien fortifiée ; les autres fuyant
» jusques à Gourdon, et poursuivis jusques aux
» portes, non sans meurtre et sans prinse d'en-
» nemis et de chevaux.

» Et est à noter que, parmi ces fuyards, l'es-
» pouvante fut telle, qu'il y eut des gentilshom-
» mes qui entrèrent dans l'esglise par le guichet,
» armés de toutes pièces, à cheval, qui après
» pour ressortir fallut desseller le cheval : car le
» portail était muré. Un autre de bonne maison,
» ayant fait le tour de l'esglise, sans pouvoir re-
» marquer la porte qu'il cherchoit, crioit : *Cette*
» *porte n'a pas d'esglise !* On cèle leurs noms par
» discrétion ; mais ceci a été témoigné par ceux
» du bourg.

» Le 2 de novembre, M. le Mareschal de
» Biron se loge à Saint-Martial, où il donne
» rendez-vous à ses troupes, conduit deux cou-
» levrines.

» Le 5 dudit mois, M. d'Aubeterre le vint
» joindre avec deux cents maistres et mille ar-
» quebuziers ; de mesme font les autres sé-
» neschaux voisins, tellement que son armée
» estoit composée de cinq ou six cents maistres,
» et plus de cinq mille arquebuziers ; ce qui
» mit d'ailleurs en telle jalousie les autres places
» de la Religion voisines, que leurs gouverneurs
» quittèrent Vivant pour pourveoir à leur sû-
» reté.

» Ainsi demeuré avec sa troupe particulière,

» assez seul, (les voysins de son parti estant
» en telle envie de sa fortune et prospérité,
» qu'ils le regardèrent faire sans s'en mesler);
» ainsi avec environ soixante maistres et deux
» cents arquebuziers, il fut réduict à garder la
» ville, asssiéger le chasteau, soustenir le siége
» des ennemys, empescher qu'ils ne fussent se-
» courus d'hommes, ni pourveus de vivres et
» munitions.

» Ce peu d'hommes l'empeschant de tenir le
» bourg de Dome-Vieille, ni le prieuré de Cenac,
» il démolit l'un et mit le feu à l'autre, ainsi
» des moulins les plus proches; et à l'arrivée du
» Mareschal se retranche dans la montagne,
» fortifie les advenues du chasteau, et mesme
» la maison appelée *du Soleil* (20).

« Le dit sieur Mareschal, le 6 de novembre,
» advance sa batterie à cette maison, et autres
» barricades de la montagne, que le sieur Barré
» de Montségur défendoit : le Baron de Biron
» ayant mis pied à terre, à la tête de toute la
» noblesse vint donner à ces barricades furieu-
» sement; mais à bien attaqué, bien défendu :
» on donna par diverses troupes à toutes les
» advenues, on tasta de tous les costés pour
» secourir le chasteau : le capitaine Solvignac
» qui estoit dedans ne s'endormoit pas, comme
» y ayant le principal intérest; mais enfin le
» coust leur en fit perdre le goust; et fut con-
» trainct Biron de se retirer avec grand perte,

» mesme du sieur de Lamothe-Fénelon, tué
» d'une arquebuzade à la maison *du Soleil*, au
» grand regret de toute l'armée, et de tout le
» pays.

» Le 12 le seigneur Mareschal plaça ses cou-
» levrines sur la pente de la colline qui est au-
» delà du ruysseau, et près du village de Mont-
» bette, et de là battoit une maison qui estoit à
» demy-montage soubs le chasteau, que le dit
» sieur de Vivant avoit fortifiée; mais, après
» l'avoir battue deux jours, voyant n'augmenter
» que de perte, il désista; en prenant ses coule-
» vrines, il s'en alla à Biron, et le sieur d'Au-
» beterre s'en retourna vers Périgueux.

» Peu de jours après, le sieur de Vivant fait
» donner l'escalade au dit chasteau par plusieurs
» endroicts; mais il fut repoussé avec perte de
» cinq ou six hommes. Néanmoins, quelques
» jours après, le capitaine Solvignac, voyant
» que son secours s'en estoit allé sans le desga-
» ger, capitula, et sortit vie et bagues sauves,
» et fut conduict en toute sûreté avec les siens
» à Sarlat.

» Vivant tenant le chasteau le fait fortifier,
» et pourveoir de vivres et munitions, fait coub-
» vrir la tour *Brune*, pour y servir de citadelle;
» y met le 12 février 1589 une garnison; et
» quant à la ville, il y mit une compagnie de ca-
» valerie, et cinq compagnies d'arquebuziers,
» pour estre le tout entretenu par le plat pays.

» Et l'an 1589, il fit raser l'esglise parrois-
» siale (21) et le couvent des Augustins (22), et
» de la pierre il en fit une muraille (23) tra-
» vaillée et flanquée, qui commençoit un peu
» au dessus de la *porte des Tours*, alloit finir sur
» le précipice du rocher, assez près du cimetière;
» séparant et distinguant du reste de la ville tout
» le quartier de *lo Paliolo* et de *l'Ormet*, pour
» en faire une citadelle (24).

. . . .
. . . .
. . . .

Vivant était auprès de Henri IV, au siége de Paris, lorsqu'il apprit « que les sieurs de Tayac,
» de Giverzac et de Pech-Jaloux avoient surprins
» le chasteau de Dome, le 24 aoust 1590, sauf la
» *Tour-Brune*, et que M. de Montségur se défen-
» doit dans la ville, où MM. de Thémines et de La
» Force s'estoient jetés pour la secourir; comme
» de l'autre part MM. de Monpezat, Montluc,
» Pompadour, avec toute la noblesse *liguée*
» avoient accouru au chasteau avec quelques
» coulevrines, qu'ils avoient montées par artifi-
» fice, pour battre la dite *Tour-Brune*.

» Vivant supplia sa majesté de lui permettre
» de s'en revenir.......

» Le sieur de Thémines s'estant jeté dans la
» ville de Dome, comme dit est, pour la secourir
» avec peu de forces, quelques amys particuliers
» du dit sieur de Vivant, qui estoient demeurés

» dans le pays, y accoururent aussi : M. de Ri-
» gnac, gouverneur de la vicomté de Turenne,
» assistoit fort en ceste occasion d'hommes,
» de vivres, et de sa personne. D'autre part,
» M. de La Force y accourust avecques de jolyes
» troupes de pied et de cheval avec lesquelles
» il jeta une coulevrine dans la ville, de plein
» jour, et avec de beaux et sygnalez com-
» bats, que lui et M. de Thémines, qui l'alla
» recueillir jusques delà la Dordoigne, firent
» dans la plaine et dans la rivière qui lors estoit
» gayeable, où véritablement ils eurent toujours
» l'advantage : un des chefs ligués nommé Saint-
» Projet fut tué au milieu de l'eau, et force
» autres.

» Cependant les assiégés ne pouvant plus
» tenir la *Tour-Brune*, percée et rompue de
» l'artillerie des ennemys, layssent dans une
» chambre voutée une barrique de huit quin-
» taux de poudre coubverte de paille; et ayant
» mis le feu au coubvert de la tour, la quittent,
» et par une traisnée le dernier mest le feu à la
» paille. Les ennemis advancent pour esteindre
» le feu; mais la poudre, ayant trop tost prins,
» ne coubvre dans les ruynes de la tour qu'une
» trentaine. Un moment de délai y donnoit sé-
» pulture à M. de Montpezat et à cent gentils-
» hommes ou capitaines, qui accouroient et n'en
» estoient pas à vingt pas.

» Après ils firent la batterie contre la ville,

» de dessus les ruines de ladite tour; mais M. de
» Thémines et M. de Montségur, gouverneurs,
» firent travailler avec tant de diligence aux re-
» tranchements, que lesdits sieurs de Montpezat,
» de Pompadour et de Montluc, furent con-
» traincts de se retirer, layssant forte garnison
» au chasteau.

» Le mesme, firent MM. de Thémines et de
» La Force, layssant ledit sieur de Montségur
» avec les amys particuliers de M. de Vivant,
» dans la ville.

» Et pendant que le roi Henry IV retenoit
» encore ledit sieur de Vivant près de luy, à la
» retraite du prince de Parme, S. M. troubva
» bon qu'il envoyast le sieur de Doyssac, son fils,
» avec une partie de sa compagnie, pour se jeter
» dans Dome et la défendre. Attendant sa venue,
» il ne se passoit guères aucuns jours, qu'il ne
» se dressast deux ou trois escarmouches entre
» les deux garnizons, et divers combats à la cam-
» pagne, les uns ne poubvant guères sortir sans
» faire rencontre des aultres; mais lors à cause
» de la cavalerie que ledit sieur de Doyssac avoit
» menée et rallia dans la ville, ceux du chasteau
» furent plus retenus; et deux ou trois rencon-
» tres désavantageux pour eux les y obligea.

» Le sieur de Vivant arrive et porte com-
» mandement à M. le mareschal de Matignon,
» lors lieutenant de roy en Guyenne, de s'a-
» cheminer à Dome pour reprindre le châsteau

» Il l'alla donc troubver à Bourdeaux, après avoir
» préparé et disposé toutes choses et mesme ses
» amys de deçà, le presse et tourmente de telle fa-
» çon, qu'il luy faict résoudre le voyage avec six
» canons et deux coulevrines; mais comme il
» différoit son partement de jour en jour, il luy
» fist, par importunité, mettre son artillerie
» dans des vaisseaux ; en prend la conduite par
» une marée: mais l'ayant là il pourveut avec
» telle diligence à la faire advancer, que mon
» dit sieur le mareschal n'en eut plus nouvelles,
» qu'elle ne fust à Bragerac, où il la rendit en
» asseurance avec la compagnie, et contraignit
» ledit sieur mareschal de s'y acheminer plus
» viste que son humeur (autrement fort lente)
» ne requéroit. Audit Bragerac, se joignirent
» MM. d'Aubeterre et de La Force, avec toutes
» les autres troupes de Périgord, d'une et d'au-
» tre religion, d'où s'acheminant audit Dome,
» il nettoya son chemin des bicoques tenues par
» les ligueurs, et deslivra les prisonniers qui
» estoient détenus dans Limeuil, sept ou huit
» ans devant, en nombre de plus de cent ; arriva
» à Dome pour recognoistre la place et le lieu
» de la batterie ; et pendant que ledit sieur de
» Vivant faisoit travailler aux plates-formes,
» ambrasures, cavaliers, approches, il s'en alla
» promener en Quercy, où il print quelques
» petits forts, avec un canon et une coulevrine ;
» puis estant revenu à Dome, et treuvé toutes

» choses bien disposées, commença sa batterie
» qui dura..... jours; et quoique l'espesseur des
» murailles et la haulteur du rocher empeschast
» de faire bresche, si est-ce qu'estant incom-
» modés de vivres, le sieur de Giverzac de-
» manda à capituler, et se rendit vie et bagues
» sauves, conduict à Sarlat, avec ses hommes,
» et la place remise par ledit sieur mareschal
» audit sieur de Vivant, par commandement
» de S. M................

. . . .

» M. de Vivant voyant la pluspart du pays
» de Quercy remis par le moyen de M. de Thé-
» mines, soubs l'obéyssance du roi, et la vicomté
» de Turenne, les terres de Montfort, Salignac,
» Baynac, Castelnau, Doyssac, Berbiguières,
» estant limitrophes de Dome, et toutes d'un
» mesme party, (qui retranchoit les courses de
» sa garnizon et par conséquent son entretien);
» considérant d'ailleurs ceste place de grande et
» difficile garde, vaste, mal peuplée et pauvre,
» tous les habitants catholiques ennemys, jugea
» qu'il estoit mal ayzé à un homme de sa reli-
» gion de la conserver; par ainsi soubs le bon
» plaisir du roi Henry, s'en desmit en faveur de
» M. de Thémines, qui lui en donna récom-
» pense (25). »

Tel est le dernier événement remarquable dont la ville de Dome ait été le théâtre.

Depuis cette époque, son importance politique

a décru insensiblement; et pendant le cours des xviie et xviiie siècles, nous la voyons réduite à combattre obscurément les exigences du Fisc, ou les prétentions des Évêques de Sarlat (26).

C'est au milieu de ces luttes ignorées que Dome a traîné sa pénible existence, jusqu'à ce que la révolution de 1789, promenant son niveau sur toute la France, soit venue lui porter les derniers coups. Alors ont disparu, et sans retour, ses anciens priviléges : peu à peu ses bourgeois, si fiers autrefois de leur titre, ont abandonné ce rocher stérile, pour aller demander à la plaine, des habitations commodes et d'un facile accès : ces tours, ces remparts, qui fesaient sa force et son orgueil, rongés par le temps, détruits par la main des hommes, n'offrent plus que des ruines, dont chaque jour emporte encore une partie; et les troupeaux viennent paître à la place où s'élevaient ses châteaux, témoins de tant de combats.

Dome est aujourd'hui un simple chef-lieu de canton.

En signalant ainsi les faits principaux de l'histoire de Dome, je ne puis oublier de parler de deux citoyens de cette ville, morts aujourd'hui; mais qui à une époque récente ont su donner à leur nom une haute illustration.

Le premier, Jacques de Maleville était simple avocat, lorsqu'éclata la révolution de 1789...... il est mort Pair de France, et grand-officier de la légion d'honneur.

Un de nos compatriotes, qui, lui aussi, est arrivé aux premières dignités de l'Etat, a retracé l'histoire de la vie et des travaux de Jacques de Maleville.

Dans le Courrier-Français du 4 décembre 1824, M. Joseph Mérilhou s'exprimait ainsi :

« La mort, qui vient de terminer la noble et
» utile carrière de M. de Maleville, enlève à
» la France un de ses meilleurs citoyens, et à
» la Chambre des Pairs un de ses membres les
» plus distingués. Né en 1741, dans la ville de
» Dome, en Périgord, d'une famille honorable,

» il exerça d'abord la profession d'avocat auprès
» du Parlement de Bordeaux...... Doué d'un
» esprit éminemment juste et pénétrant, enrichi
» des connaissances les plus étendues, M. Jac-
» ques de Maleville n'avait pu méconnaître les
» vices de l'ancien régime; ce serait faire une
» injure à sa mémoire que de ne pas dire qu'il
» accueillit avec joie, comme tous les gens de
» bien, les idées de réforme qu'annonçait la
» convocation des Etats-Généraux; mais ennemi
» de tous les excès, adversaire et souvent victime
» de la licence, autant qu'improbateur du pou-
» voir absolu, il est du nombre de ceux qui ont
» traversé nos temps de troubles sans avoir à
» rétracter une seule ligne de leurs discours,
» ni à rougir d'une seule de leurs actions. Le
» calme, la modération, la fermeté ont carac-
» térisé sa vie; il a pu dire comme le sage : *Secta*
» *fuit servare modum*.

» D'abord membre du directoire du départe-
» ment de la Dordogne, il fut élu par ce dépar-
» tement, en 1795, juge au tribunal de cassation,
» député au Conseil des Anciens en 1797; il
» rentra de nouveau juge au tribunal de cas-
» sation.

» Magistrat du premier tribunal de l'État,
» M. de Maleville s'y distingua par une rare ap-
» plication aux affaires, une grande indépen-
» dance d'opinions, et une impartialité qui a
» quelque prix dans des jours d'orages.

» Placé à la tribune nationale, il se renferma
» dans des travaux de législation civile, qu'il
» serait superflu de retracer ici ; mais dont l'im-
» portance fut telle, que le gouvernement crut
» devoir l'appeler à l'auguste mission de rédiger
» le Code civil qui nous gouverne.

» Souvent les anciens ont consacré des statues
» aux sages qui avaient dicté quelques lois utiles.
» Combien, à plus juste titre, les rédacteurs du
» corps entier de nos lois civiles ont droit au res-
» pect et à l'éternelle reconnaissance de leur
» pays ! Tronchet, Portalis, Maleville, Bigot de
» Préameneu, vos noms seront toujours vénérés;
» vous avez terminé l'ouvrage commencé par
» L'hospital, continué par Lamoignon et par le
» grand d'Aguesseau !......

» M. Tronchet, l'un des présidents de la cour
» de cassation, ayant été nommé sénateur,
» M. de Maleville lui succéda dans sa charge de
» président ; et bientôt après, Tronchet étant
» mort, M. de Maleville le remplaça au sénat
» par le choix du sénat lui-même, et sur la
» présentation du collége électoral du dépar-
» tement de la Dordogne : honorable récom-
» pense d'une vie signalée par de grands ser-
» vices !

» Pendant toute la durée de ses fonctions
» sénatoriales, M. de Maleville ne fut pas dis-
» tingué par la faveur du chef de l'État ; car
» cette faveur était réservée pour ceux qui fe-

» saient profession d'approuver toutes les volontés
» impériales.

» Le roi de France, rétabli sur le trône de ses
» pères, en fondant un gouvernement consti-
» tutionnel, ne pouvait oublier une des plus
» pures notabilités que l'Empire léguât à la Res-
» tauration ; M. de Maleville fut compris dans la
» première promotion des Pairs de France, le
» 4 juin 1814......... »

En 1815, il fut du petit nombre de ceux qui eurent le courage de repousser la peine de mort demandée contre le maréchal Ney.

M. de Maleville écrivit en 1801, sur *le divorce*, une brochure remarquable, dont il donna une nouvelle édition en 1816.

En 1805, il publia l'*Analyse raisonnée de la discussion* du *Code civil* au *Conseil-d'État*, 4 vol. in-8°. Cet ouvrage a eu trois éditions.

Jacques de Maleville est mort à Dome, le 21 novembre 1824. Son tombeau se voit dans le cimetière de cette ville.

— Le second, Pierre-Joseph de Maleville était fils aîné de Jacques.

Voici ce que disait de lui, devant la Chambre des Pairs, M. le comte Portalis, premier président de la Cour de Cassation :

« C'est pour la seconde fois qu'un devoir dou-
» loureux m'appelle à cette tribune, et que je
» viens déposer sur la tombe d'un de nos collè-
« gues le juste tribut de regrets que nous impose

» une honorable confraternité. Et par un triste
» concours de circonstances, après avoir rendu,
» il y a huit ans, ce dernier hommage à la mé-
» moire du père, c'est la mort du fils que je
» viens aujourd'hui déplorer; tant les hommes
» disparaissent avec promptitude, et les généra-
» tions se succèdent avec rapidité !

» Il est vrai que de plus longs jours semblaient
» promis à Pierre-Joseph, marquis de Maleville.
» Né à Dome (Dordogne), en 1778, il n'avait
» pas encore accompli sa cinquante quatrième
» année, quand la mort est venue le frapper.
» Mais, d'une complexion délicate, affaibli en-
» core par un travail obstiné, il était une des
» victimes désignées de ce fléau meurtrier, qui,
» après avoir lentement traversé le monde en
» le désolant, a si rigoureusement sévi contre
» nous. Il succomba le 12 avril de l'année der-
» nière (1832), à cette époque funeste où le deuil
» d'un si grand nombre de familles semblait s'é-
» tendre sur la cité tout entière, et l'envelopper
» d'un crêpe funèbre ; chaque instant était si-
» gnalé par de nouvelles et plus sensibles pertes.
» En deux jours, MM. de Maleville et de Cassini
» furent enlevés à cette Chambre et à la Cour de
» Cassation, dont ils fesaient l'ornement. La
» Providence, qui avait permis qu'une véritable
» amitié les unît pendant leur vie, leur réser-
» vait une même mort.

» . . . .

» Nommé sous-préfet de Sarlat en 1804, pen-
» dant 6 ans M. de Maleville porta dans ses
» fonctions administratives l'application, le zèle
» pour le bien public, l'amour de la justice, qui
» le distinguaient........

» En 1811, il fut appelé comme conseiller à
» la Cour impériale de Paris. Depuis lors, il n'a
» plus cessé de remplir les fonctions austères
» de la magistrature : ses mœurs graves et ses
» goûts studieux l'en rendaient digne.

» Cependant des événements prodigieux arra-
» chèrent en France tous les citoyens à leurs
» habitudes, comme ils avaient précipité toute
» l'Europe sur la France. La Restauration de
» 1814 ne fut qu'un épisode de la chute de Na-
» poléon. Le colosse impérial n'acheva de suc-
» comber qu'en 1815 : il menaça d'entraîner la
» vieille France dans sa ruine. Les hommes de
» cœur se rallièrent pour le salut de la patrie.

» Après avoir héroïquement résisté à leurs
» armes, il fallait échapper au joug des puis-
» sances étrangères : il fallait surtout éviter de
» funestes déchirements et les horreurs de la
» guerre civile.

» M. de Maleville, élu membre de la chambre
» des Représentants par l'arrondissement de
» Sarlat, se conduisit avec énergie dans ces cir-
» constances difficiles. Il défendit la liberté de la
» tribune, et demanda que la liberté de la
» presse fût placée sous la sauve-garde du juge-

» ment par jurés : il réclama contre la sévérité
» des peines qu'on prétendait appliquer aux
» délits politiques. Il pensa qu'*au lieu de rece-*
» *voir un maître de l'Étranger, avant de tenter*
» *successivement et sans fruit tous les princes,*
» *avant d'arriver à Louis XVIII,* c'était à l'au-
» teur de la Charte qu'il convenait de confier
» les destinées du pays, à l'ombre et sous la
» garantie d'un pacte constitutionnel. Mais il
» voulait aussi qu'on fît connaître à ce prince,
» qu'il était impossible désormais de séparer
» dans les cœurs des Français l'amour de la
» liberté de l'amour du roi; que des mœurs
» nouvelles, des intérêts déjà anciens, et des
» préjugés récents ne pouvaient être froissés,
» sans exposer l'État à de nouveaux orages;
» enfin, qu'il fallait dénoncer en même temps les
» imprudences des courtisans, les abus au-
» torisés par les ministres, les alarmes qu'ils
» avaient répandues dans les diverses classes de
» citoyens. Il publia ses opinions avec courage
» dans une *adresse au Gouvernement provisoire*
» *et aux deux Chambres:* ainsi qu'il arrive d'or-
» dinaire aux hommes modérés, il ne satisfit
» aucun parti; mais il avait obéi à sa conscience,
» et celui qui vit en paix avec elle se console
» aisément d'un ingrat oubli, comme il dédaigne
» d'injustes clameurs.

» Peu de temps après, en 1816, M. de Male-
» ville fit imprimer un poëme en prose intitulé:

» *Les Benjamites rétablis en Israël.* C'était encore
» un acte de patriotisme. Fidèle au culte de la
» Concorde, il aurait voulu ramener à des pen-
» sées de conciliation et d'indulgence mutuelle
» les partis acharnés qui divisaient la France.
» Il faut le louer d'avoir voulu faire concourir
» les lettres et les muses à la pacification des
» esprits et des cœurs, dans un moment où tant
» d'autres les associaient à leurs passions et à
» leurs fureurs politiques.

» En 1819, M. de Maleville fut nommé pre-
» mier président à la Cour royale de Metz ; et en
» 1820, il passa à la première présidence de la
» Cour royale d'Amiens. Il était revêtu de cette
» dignité, lorsqu'en 1824 la mort de son père
» lui ouvrit les portes de cette chambre.

» Comme magistrat, M. de Maleville obtint
» le respect des justiciables, l'affection de ses
» collègues, et l'estime du barreau, juge si sûr
» et presque toujours si impartial des juges, dont
» il prépare les décisions. Comme chef de Com-
» pagnie, il se distingua par une assiduité
» exemplaire, et un zèle constant pour le main-
» tien de la discipline, l'honneur du corps, et la
» dignité de chacun de ses membres.

» En 1828, il vint prendre place à la Cour de
» cassation. Il rappelait dans cette vénérable
» compagnie, élite de la magistrature, à laquelle
» ma position ne doit pas m'empêcher de rendre

» un juste hommage, les lumières et les vertus
» de son père.

» Parmi nous, Messieurs, M. de Maleville,
» ami d'une sage liberté, se montra le défenseur
» éclairé de l'ordre social, de la monarchie et
» des institutions constitutionnelles. La part
» qu'il prit à vos travaux est encore présente à
» votre mémoire. Il intervint dans presque
» toutes les discussions qui intéressaient le droit
» public ou le droit civil, la propriété; la mo-
» rale, ou la religion. Dans ses discours, l'élé-
» vation des sentiments s'alliait à l'étendue des
» connaissances : il imprimait à tous l'accent de
» l'homme de bien.

» Semblable à ces anciens magistrats, nos
» éternels modèles, il se délassait par d'autres
» études sérieuses, des études que lui comman-
» dait sa profession. Ces grands objets des médi-
» tations humaines, l'homme et les hommes, la
» philosophie et l'histoire remplissaient simul-
» tanément les loisirs de sa vie judiciaire et poli-
» tique. Les antiquités celtiques et romaines
» furent souvent le but de ses recherches, et il
» était particulièrement versé dans la littérature
» orientale.

» Ses travaux n'étaient point stériles : dans sa
» jeunesse, en 1804, il composa, *sur l'influence*
» *de la Réformation de Luther*, un discours, qui,
» dans un concours célèbre, obtint de l'Institut
» les honneurs de la mention honorable, quoi-

» qu'il fût opposé d'esprit et de système au dis-
» cours qui fut couronné.

» Avant de mourir, il a élevé un monument
» qui recommandera sa mémoire aux érudits et
» aux philosophes de toutes les nations : il laisse
» après lui un ouvrage qui n'aura pas moins de
» huit volumes in 8°, et qui est intitulé : *Confé-*
» *rence des mythologies, ou les mythes et les mys-*
» *tères des différentes nations payennes, an-*
» *ciennes et modernes, ainsi que des cabalistes*
» *juifs, et des anciens hérétiques, comparés en-*
» *semble et expliqués.* . . . . »

Cet ouvrage n'a pas encore été imprimé : il
est précédé d'un *discours préliminaire*, dans lequel l'auteur indique la marche et le plan sui-
vis par lui : mes lecteurs seront sans doute bien
aises de le connaître : en voici un extrait :

« Pour préparer, dit M. de Maleville, le lec-
» teur aux idées générales des fables qu'il s'agit
» d'expliquer, pour le mettre à portée de con-
» naître si les interprétations particulières qu'on
» en donne sont en harmonie avec l'ensemble
» d'un tableau mythologique, j'ai cru devoir,
» avant tout, présenter, sans dissertation ni
» commentaires, un précis matériel des théogo-
» nies et des mythes des différents peuples, ou
» des différentes sectes, en me bornant à re-
» cueillir ce qu'en ont contradictoirement rap-
» porté les mythologues. J'ai d'ailleurs eu re-
» cours aux lumières et à l'obligeance de nos plus

» habiles orientalistes, pour réviser les parties
» les plus importantes de ce travail préliminaire.

» Les deux premiers livres de mon ouvrage
» seront, en conséquence, remplis de ces ex-
» traits mythologiques. . . . .

» La décomposition et l'explication des my-
» thes commencera au IIIe livre, dans lequel j'ai
» traité des qualifications et des attributs du
» Dieu suprême. . . . .

» Dans le IVe livre j'ai expliqué les qualités
» mythologiques attribuées au Soleil et à la
» Lune. . . . .

» Le Ve comprend les fonctions mythologiques
» attribuées au Soleil et à la Lune. . . . . . .

» Le VIe, qui n'est qu'une suite du précédent,
» indique l'origine de plusieurs autres fonctions,
» professions et dignités, attribuées au Soleil et
» à la Lune, et par suite aux personnages So-
» laires et Lunaires. . . . .

» Dans le VIIe commence l'iconologie sacrée ;
» et ici l'intérêt qu'inspirent nos héros célestes,
» en supposant qu'il ait pu languir au milieu
» de toutes ces fonctions subalternes dans les-
» quelles on les a fait descendre, devra naturel-
» lement se ranimer en présence de ces magni-
» fiques portraits, de tous ces joyaux et attributs
» merveilleux, par lesquels on a exprimé leur
» puissance. . . . .

» Le VIIIe livre a pour objet les figures d'ani-
» maux appliquées à ces deux astres. . . . . .

» Le ɪxᵉ livre roule sur les figures qui ont été
» prises parmi les choses inanimées........

» Dans le xᵉ, j'ai fait l'histoire de la vie et des
» aventures mythologiques des personnages So-
» laires et Lunaires................

» Quoique les deux grands luminaires célestes
» aient été célèbres comme uniques, les person-
» nages par lesquels on les a représentés n'ont
» pas laissé que d'être fort multipliés, d'abord
» par suite des méprises et des doubles emplois
» commis par les mythologues, puis d'une ma-
» nière systématique à cause des différents rôles
» qu'on leur a fait jouer, dans les différentes
» parties de leur carrière respective.—Ainsi l'on
» verra, dans le XIᵉ livre, les personnages du
» Soleil et de la Lune doublés, triplés qua-
» druplés....................

» Le xɪɪᵉ livre est relatif aux planètes en
» général...................

» Le xɪɪɪᵉ est consacré aux figures et races
» mythologiques, qui représentent les étoiles
» fixes......................

» Le xɪvᵉ est relatif aux *mystères pratiques*,
» ou au culte des Dieux............

» Le xvᵉ et dernier livre est consacré aux ini-
» tiations, ou *mystères secrets*........

» Tel est le plan que je me suis tracé, pour
» faire saisir dans son ensemble la doctrine qui
» a présidé à la composition des fables sacrées et
» à l'institution des mystères. Si les développe-

» ments en paraissent fort étendus, les principes
» en sont du moins très-simples. Ces principes
» une fois posés, l'application s'en fait de mille
» manières et sans efforts. Toutes les parties du
» système me semblent parfaitement liées; toutes
» les fictions dont se compose la mythologie sont
» en harmonie avec les types primitifs ; elles
» naissent naturellement les unes des autres;
» un même nœud les rassemble ; une seule expli-
» cation en amène toujours une longue suite
» d'autres, et toutes sont justifiées par une foule
» d'exemples et d'autorités.

» Ainsi, chacun des nombreux chapitres de cet
» ouvrage sera une nouvelle preuve de la vérité
» de mon système. On y verra comment toutes
» les cérémonies de la religion, ainsi que toutes
» les qualités, toutes les figures, toutes les fonc-
» tions, toutes les aventures attribuées aux per-
» sonnages et races mythologiques, se rapportent
» au Soleil, à la Lune, aux planètes et aux étoi-
» les. On y verra que si quelques-uns de leurs
» attributs, pris isolément, pouvaient se conci-
» lier, soit avec le système des explications his-
» toriques, soit avec celui des explications phy-
» siques, métaphysiques ou morales, il n'en est
» pas un seul qui ne convienne bien plus natu-
» rellement aux astres déifiés ou personnifiés,
» et que le plus grand nombre même ne peut pas
» avoir d'autre objet. De là cette énorme masse
» de preuves, qui, je l'espère, résistera à toutes

» les attaques, à toutes les réfutations sérieuses
» qui pourraient être dirigées contre les propo-
» sitions que j'ai entrepris d'établir.

» Pour exécuter l'analyse des qualités et fonc-
» tions mythologiques attribuées aux personna-
» ges qui représentent le Soleil, la Lune et les
» astres, ce ne sont pas les doctrines isolées de
» quelques philosophes que j'ai consultées : les
» opinions générales et les préjugés populaires
» ont été mes seuls guides.

» Souvent j'ai cru devoir contester ou négliger
» entièrement les jugements contradictoires de
» l'antiquité, c'est-à-dire les explications don-
» nées après coup, ou les théories sur les mythes
» et les symboles; mais jamais je n'ai récusé les
» témoignages positifs sur les faits, sur le maté-
» riel de ces mythes et symboles; car dans les
» choses anciennes, les témoignages anciens doi-
» vent faire preuve.

» Quelquefois il m'a paru convenable de re-
» courir à la signification des noms et surnoms,
» parce que c'est par eux que sont exprimées les
» qualités et fonctions des personnages mytholo-
» giques. Mais en appelant à mon secours les
» étymologies, je n'ai pas cherché celles des
» divinités de tous les pays dans la langue des
» Scandinaves, comme l'a fait Olaüs Rudbeck ;
» ni dans le Chaldéen ou l'Hébreu, comme Bro-
» chart, Reland et tant d'autres; ni dans le

» sanskrit, comme les auteurs anglais des re-
» cherches asiatiques, et plusieurs orientalistes
» de nos jours. Persuadé, comme je l'ai dit au
» commencement de ce discours, que la plu-
» part des Divinités des différents pays y sont
» autochthones; que d'ailleurs, lorsqu'une na-
» tion a placé dans sa propre mythologie quel-
» ques divinités d'origine étrangère, elle n'a
» guère manqué d'en traduire dans sa propre
» langue, les noms et surnoms, je n'ai admis
» les étymologies de ces noms, qu'autant qu'elles
» ont été puisées dans les idiomes respectifs des
» peuples chez lesquels ils se sont trouvés.

» En soutenant et cherchant à démontrer que
» le culte des astres avait été la première base de
» la religion païenne et de toutes les mytholo-
» gies, mon dessein n'a point été de fournir de
» nouvelles armes au matérialisme. Je ne con-
» teste point, comme Dupuis ou Volney, que
» le spiritualisme ne soit de toutes les théories
» religieuses la plus morale et la plus satisfaisante;
» mais la vérité historique m'a paru devoir pas-
» ser avant tout, et je ne voudrais pas que la
» doctrine la plus respectable s'appuyât sur de
» faux témoignages.

» Si j'ai souvent considéré le soleil comme dé-
» signé par les noms de *Jahoh*, ou *Jao*, de *Christ*
» ou de *Messie*; la lune par ceux de *la Reine du*
» *ciel*, de *la Vierge d'Israël*, de *l'Église*, de

» *l'Esprit-Saint*, ce n'est que dans le langage
» des cabalistes juifs, des Samséens, des Mani-
» chéens et autres sectaires de ce genre, dont
» les croyances sont attestées par les Pères mê-
» mes de l'église, et par une multitude de mo-
» numents; mais je n'ai point appliqué de pa-
» reilles interprétations aux véritables dogmes
» du christianisme; j'ai toujours désiré que la
» religion de mon pays fût hors de tout débat.

» Enfin je me suis vu souvent forcé de mettre
» sous les yeux du lecteur quelques-unes de ces
» expressions physiologiques, qui, sans aucun
» voile ni détour, rappellent les organes des deux
» sexes, ainsi que les sensations physiques et
» les circonstances de leur union; je ne me suis
» pas dissimulé combien le délicatesse des mœurs
» modernes courrait risque d'en être blessée;
» peut-être même est-il à craindre que les images
» qu'elles retracent ne paraissent encore plus
» offensantes pour la piété, que pour la pu-
» deur, à cause des idées religieuses auxquelles
» presque toujours elles se trouvent unies.

» Mais ces expressions et ces images étaient
» trop essentielles à l'histoire et à l'intelligence
» des anciens mythes, pour que je pusse les sup-
» primer. De toutes les figures que les caba-
» listes et les anciens hérétiques ont appliquées
» à leurs personnages mystiques, il n'en est
» pas qu'ils aient plus prodiguées que celles
» qu'ils ont puisées dans les désirs de l'amour

» et dans les plaisirs de l'union conjugale ; c'est
» surtout par le sentiment de la volupté que les
» mythologues du vieil Orient se sont efforcés
» d'animer leurs dieux. Dans cette position, j'ai
» du moins tâché d'imiter la sage retenue de
» l'immortel auteur de *l'histoire naturelle*, lors-
» qu'il eut à écrire sur *la puberté* et *la généra-*
» *tion*; et à son exemple, j'ai présenté ces ob-
» scènes images comme je les ai vues moi-même,
» avec cette indifférence philosophique qui dé-
» truit tout sentiment dans l'expression, et
» ne laisse aux mots que leur signification la plus
» simple.

» Malgré ces soins et ces précautions, de gra-
» ves considérations auraient pu me faire hésiter
» sur la publication de mon ouvrage ; et peut-
» être cette vaste production de mes veilles
» aura-t-elle à lutter contre des destins rigou-
» reux.

» Indépendamment des préventions qui exis-
» tent parmi les savants, contre les explications
» mythologiques fondées sur le culte des astres,
» la situation présente de la France et de l'Eu-
» rope est on ne peut pas moins favorable aux
» entreprises littéraires. Depuis plusieurs années,
» la politique, avec toutes ses passions, a envahi
» les innombrables colonnes de la presse périodi-
» que; et cette presse, exclusivement vouée aux
» intérêts des factions, a fini par anéantir la lit-
» térature et la librairie, dont elle aurait dû

» être l'auxiliaire. Comment la génération ac-
» tuelle pourrait-elle accorder quelque attention
» à de longues recherches sur l'histoire et la
» philosophie, lorsque dans toutes les feuilles
» quotidiennes, comme à la tribune, les insti-
» tutions, les principes du gouvernement, la
» propriété, la fortune des familles, les intérêts
» de toutes les classes, tous les fondements de
» la société sont perpétuellement remis en
» question ?

» Mais cette fièvre dévorante se calmera peut-
» être un jour. Après tant de bouleversements
» et d'expériences fatales, les Français compren-
» dront enfin qu'aucune nation ne saurait être
» heureuse sans confiance dans le pouvoir, sans
» respect pour les lois, et par conséquent sans
» stabilité dans la législation. Pour moi, que ma
» position sociale n'a que trop souvent forcé de
» prendre part à de périlleux débats, j'ai depuis
» longtemps cherché à m'en dédommager par
» des spéculations de tout autre nature. C'est
» pourquoi cet ouvrage, commencé sous l'Em-
» pire, je l'ai continué à travers toutes les vi-
» cissitudes de la Restauration de 1814, et de la
» Révolution de 1830; et après y avoir mis la
» dernière main, déjà pressé par les ans, je n'ai
» pas cru devoir en ajourner indéfiniment l'im-
» pression.

» Si mes inclinations sont un jour partagées
» par mes concitoyens, si les sciences et les arts,

» la littérature et la philosophie parviennent à
» trouver grâce devant la politique; si mon ou-
» vrage enfin obtient des lecteurs, son utilité,
» je pense, ne sera point méconnue ; il devra
» intéresser tout à la fois les philosophes et les
» érudits, les poëtes et les artistes, en révélant
» aux uns le secret de tant de fictions merveil-
» leuses sur lesquelles s'est exercé le génie de
» toutes les nations ; en montrant aux autres
» par quelle route l'esprit humain a passé des
» illusions les plus séduisantes, tantôt aux
» plus étranges superstitions, tantôt aux plus
» sublimes vérités. Tous y verront combien les
» formes successives qu'a revêtues le culte des
» astres, loin de ressembler à *des momies dessé-*
» *chées* *, ont eu d'énergie, de grâce, de cha-
» leur; et combien aussi, dans tous les temps
» et sous tous les climats, l'imagination des
» hommes, exaltée par les sentiments religieux, a
» été riche et brillante jusque dans ses plus
» grands écarts. »

Avant les deux hommes dont je viens de parler, l'abbé Guillaume de Maleville (il était oncle de Jacques) avait écrit un assez grand nombre d'ouvrages sur des matières philosophiques ou religieuses, ouvrages qui sont aujourd'hui com-

* Expression de Benjamin Constant.

plétement oubliés. On lui attribue généralement la fondation de l'hospice de Dome (27), et cette bonne action vaut mieux que tous ses écrits.

Guillaume de Maleville fut pendant longtemps curé de Dome. Né dans cette ville, en 1699, il y mourut en 1771.

NOTES.

(1) L'auteur de cette chronique a dédié son ouvrage au pape Innocent III, sous le pontificat duquel eut lieu la croisade contre les Albigeois : il était donc contemporain des événements qu'il raconte. — A la suite du passage où il est question de Dome, Pierre rapporte la prise et la destruction des châteaux de Montfort, Castelnau et Baynac : j'ai cru devoir transcrire ici son récit, qui est important pour l'histoire du Sarladais.

« Ad dimidiam verò leucam erat castrum aliud miræ fortitu-
» dinis, quod dicebatur Mons-fortis. Dominus verò castri, nomine
» Bernardus de Casnaco, homo crudelissimus, et omnium pessi-
» mus, timore ductus fugerat à facie comitis nostri, castro suo
» vacuo derelicto. Tot enim et tantæ erant crudelitates, rapinæ,
» enormitates illius nequissimi et sceleratissimi, quod vix possent
» credi aut etiam cogitari; et, cum talis esset, procuraverat ei
» Diabolus adjutorium simile sibi, uxorem videlicet quæ erat soror

» vice-comitis Turenæ. Hæc altera Jezabel, imò longè pejor et
» crudelior quàm Jezabel, omnium malarum erat pessima fœmina-
» rum, et viro in crudelitate non impar et malitiâ. Ambo igitur
» cum essent nequissimi, spoliabant, imò destruebant ecclesias,
» peregrinos invadebant, viduis et pauperibus faciebant calumnias,
» membris innoxios detruncabant, ità quòd in unico monasterio
» monachorum nigrorum quod Sarlatium dicitur, inventi sunt à
» nostris centum quinquaginta inter viros et mulieres, qui ma-
» nibus vel pedibus amputatis, erutis oculis, sive cæteris mem-
» bris cæsis, a prædicto tyranno et uxore ejus fuerant mutilati.
» Ipsa enim uxor tyranni, totius pietatis oblita, pauperibus mu-
» lieribus vel mammillas faciebat extrahi, vel pollices abscindi,
» ut sic ad laborandum inutiles redderentur. O crudelitas inau-
» dita! Sed his omissis, cùm nec millesimam malitiarum dicti ty-
» ranni et uxoris ejus partem possemus exprimere, ad propositum
» redeamus.

» Destructo igitur et everso castro Domæ, voluit Comes noster
» subvertere castrum Montisfortis, quod erat, sicut diximus,
» præfati tyranni. Mox episcopus Carcassonæ, qui totum se pro
» negotio Christi laboribus exponebat, assumens secum partem
» Peregrinorum, abiit et fecit dirui castrum illud. Adeò autem
» fortissimi erant muri illius, quod vix poterant dirui, eò quod
» cæmentum in lapidem obduruisset, undè etiam multos dies
» oportuit nostros facere diruendo castro. Ibant Peregrini manè
» ad operandum, et serò revertebantur ad locum castrorum : exer-
» citus enim non recesserat à Domâ, eò quòd aptior et compe-
» tentior exercitui erat locus.

» Erat præterea prope Montemfortem aliud Castellum, nomine
» Castrum-novum, non impar cœteris in malitiâ, et hoc ipsum
» timore exercitûs vacuum fuerat derelictum. Proposuit autem
» Comes noster tenere et occupare castrum illud, ut per hoc
» meliùs posset pacis compescere turbatores : sicut cogitavit, ità
» et fecit.

» Erat insuper quartum castrum satis forte, nomine Baynacum;
» hujus castri dominus pessimus erat, raptor crudelissimus et
» ecclesiarum violentissimus oppressor; dedit autem ei Comes
» noster optionem ut unum eligeret de duobus, videlicet ut,
» infrà terminum à Comite, et ab episcopis qui ibi erant, præfixum,

» restitueret malè ablata, aut humiliarentur muri castri ipsius,
» et ad hoc exequendum datæ fuerunt ei induciæ per plures dies;
» sed cùm infrà dies illos de rapinis non fecisset restitutionem,
» voluit Comes noster humiliare munitionem castri Baynaci, invi-
» toque tyranno et multùm dolente, fecit comes noster humiliare
» munitionem castri Baynaci. Allegabat autem maleficus sæpe
» dictus castrum suum non debere humiliari, eo quod ipse solus
» erat in terrâ illâ qui juvaret regem Franciæ contrà regem An-
» glorum. Sed Comes allegationes istas vanas sciens et frivolas,
» non destitit à proposito. Jam etiam allegationes prædictas ty-
» rannus memoratus exposuerat regi Franciæ; sed nihil proficere
» potuit. In hunc modum, subjugata sunt quatuor castra illa,
» Doma videlicet, Monsfortis, Castrum-novum, Baynacum. In his
» siquidem quatuor castris, à centum annis et anteà, sedes fuerat
» satanæ; ab his egressa fuerat iniquitas super faciem terræ. Istis
» igitur subjugatis per Peregrinorum laborem, et probitatem ex-
» pertissimam nobilis Comitis Montisfortis, reddita est pax et
» tranquillitas non solum Petragoricensibus, sed etiam Caturcen-
» sibus, et Aginnensibus, et Lemovicensibus pro magnâ parte. »

(2) Philippe-le-Hardi n'acheta pas le château appartenant à Amalvin Bonafos et à Bertrand de Gourdon.

Il ne faut pas confondre ce château, qui plus tard prit le nom de *Chateau de Dome-Vieille*, avec le château *de Dome*, bâti par Philippe-le-Hardi.

Gibert de Dome, qui fut sénéchal du Périgord en 1370, était propriétaire du château de Dome-Vieille, lorsqu'il le vendit au seigneur de Baynac: celui-ci, en 1418, le vendit à Bertrand d'Abzac, qui était alors gouverneur de Dome pour le roi d'Angleterre; mais, le 11 mars 1438, *v. st.*, Bertrand d'Abzac, ayant été décapité à Limoges, comme coupable de haute trahison, ses biens furent confisqués: et c'est alors seulement que le château de Dome-Vieille fut réuni au domaine de la couronne.

Ce château étant beaucoup plus favorablement placé pour la défense de la ville que le château de Dome, il est à croire que dès cette époque on abandonna ce dernier; et l'ancien château de Dome-Vieille devint le château de Dome. En effet, lors de la prise de Dome, en 1588, par le capitaine Vivant, nous ne voyons figurer qu'un seul château, constamment désigné sous le nom de *Château de Dome* ; et ce que nous lisons sur ce château, dans les mémoires de Vivant, ne peut évidemment s'appliquer qu'à l'ancien château de Dome-Vieille, dont les ruines appartiennent aujourd'hui à M. Mercié *.

Le château de Dome, proprement dit, fut construit à côté du château de Dome-Vieille, dont il n'était séparé que par un large fossé. Aujourd'hui un moulin à vent occupe à peu près le milieu de son enceinte. De ce château il n'existe plus qu'une muraille, qui borde le précipice du côté du nord, et aux extrémités de laquelle se voient encore les ruines de deux tours.

Ce château défendait la ville du côté de l'ouest.

Au nord, l'élévation du rocher rendait inutiles les défenses artificielles.

Au midi, un mur partant du château embrassait la ville dans son enceinte irrégulière : percé d'abord par la porte *del Bos*, puis par la porte *de Lo Coumbo*, il se repliait ensuite vers la Dordogne, pour ceindre la ville du côté de l'est ; et c'est dans cette partie que s'ouvre *la Porte des Tours*, celle dont j'ai donné le dessin **.

Au delà de cette porte, le mur se prolongeait vers le nord ; et il est probable qu'il allait se lier à un fort, destiné à couvrir la partie nord-est, la plus faible de toutes, puisque de ce côté la ville est en quelque sorte dominée par les montagnes voisines.

---

* Aux deux côtés de la porte principale de ce château, on voit encore des inscriptions gravées sur la pierre, en lettres gothiques : ces inscriptions sont effacées en grande partie : je n'ai pu les déchiffrer.

** A gauche de cette porte, se voit une statue en pierre, placée au sommet d'une petite construction (latrines) fesant saillie au dehors de la muraille. Cette statue n'a plus de tête : son corps est mutilé : en y reconnaît seulement les plis d'une *robe* : elle n'est point en ronde-bosse, car la partie postérieure est adhérente au mur, ce qui prouve qu'elle date de la construction même de la muraille. Quel est le personnage qu'elle représente ? Les renseignements précis manquent pour résoudre cette question d'une manière satisfaisante. Les habitants du pays l'appellent, les uns *Moussu Doumo*, (Monsieur Dome); les autres, *lou Rey* (le Roi). Cette dernière dénomination pourrait faire croire que la statue représente le roi Philippe-le-Hardi, fondateur de la ville de Dome.

A une époque que je ne puis indiquer, ce fort a été détruit, et, aujourd'hui il n'en reste pas de traces ; mais l'emplacement, sur lequel il a dû être construit, porte encore le nom de *Fort du Ga*, ou *Fort del Gal*.

On ne doit pas confondre ce fort du Ga, ou del Gal, avec la muraille flanquée de tours qui subsiste encore dans cette partie de la ville : cette muraille, dont la construction est bien différente de celle du grand mur d'enceinte, ne fut élevée qu'à la fin du seizième siècle, par le capitaine Vivaut.

(3) Raymond de Cornil, 40ᵉ évêque de Cahors, prit possession du siége épiscopal en octobre 1280. On trouve quelquefois son nom écrit ainsi : *Corneille*, ou *Cornélian* : c'est une faute : son vrai nom est Cornil.

(4) Ce Guillaume Trian, ou plutôt Trians, est, selon toute apparence, le père du fameux Arnaud de Trians, neveu, par sa mère, du pape Jean XXII, et qui, sous le pontificat de son oncle, fut maréchal de l'église romaine, vicomte de Talard, etc., etc.

(5) Cette fontaine porte encore le nom de *Foun Girou*.

(6) La forêt de Born a été défrichée, et s'appelle aujourd'hui *la plaine de Born*.

(7) Cette date correspond au 7 mars 1281, d'après notre manière de compter actuelle.

Invocavit me désigne le premier dimanche du carême, parce que ces deux mots sont les premiers de l'introït de ce jour : ainsi le *vendredi après le dimanche où l'on chante* INVOCAVIT ME, est le vendredi après le premier dimanche du carême.

(8) *Bajulo nostro dictæ villæ* : Il y avait donc à Dome un Bailli royal.

(9) *Habitatores jurati*, c'est-à-dire les habitants membres de la Jurade, le conseil municipal de nos jours.

(10) *Li commu*, le Commun, *Commune pacis*, le commun de la paix, espèce d'impôt établi, dit Ducange, « pro sustentatione » et defensione securitatis et pacis publicæ. »

Un arrêt du parlement de Bordeaux, en date du 7 septembre

1479, nous fait connaître comment cet impôt était assis dans un lieu voisin de Dome, à Limeuil :

« Jus levandi annis singulis ab habitatoribus loci et jurisdic-
» tionis de Limelio *commune pacis*, videlicet à quolibet homine
» laïco, non tonsurato, et in ætate legitimâ corpus Christi reci-
» piendi exeunte, XII denarios turonenses : pro quolibet animali
» ferrato, alios XII den. tur : pro pari boum, XII den. tur. : pro
» quâlibet vaccâ, VI den. tur ; pro quolibet asino, VI den. tur :
» pro quolibet porco, 1 denarium : pro quâlibet sue, I obolum :
» pro quolibet motone, I denarium tur : pro qualibet ove,
» I obolum. »

(11) L'abbé de Sarlat était originairement seigneur de Dome ; mais, à l'époque de la vente faite par Guillaume, l'abbé, qui était alors Robert de St-Michel, céda au roi la seigneurie de Dome, et reçut en échange la seigneurie de Baynac.

(12) On voit encore à Dome, sur la place de *Lo Rodo*, quelques restes de fondations en maçonnerie, que l'on appelle *Lo Mounedo* (la monnaie). Là sans doute était établi l'atelier monétaire.

(13) L'original de cette ordonnance existe dans les archives du château de Chaumont en Charolais, appartenant à M. le marquis de la Guiche : c'est là qu'il a été trouvé par M. Léon Lacabane, employé à la Bibliothèque royale (dép. des mm ss.), qui a bien voulu m'en communiquer la copie.

(14) Il existe, entre St-Julien et Castelnau, un bois qu'on appelle encore *lou bos de lo Damo*, ou *lo Coumbo de lo Damo* : est-ce là qu'il faut trouver l'emplacement du bois de *Las Damas* ?

(15) Quelques personnes pensent que la ville de Dome a été jadis beaucoup plus peuplée qu'aujourd'hui.

Cette opinion est complétement erronée, et les faits cités par le chanoine Tarde ne laissent aucun doute à cet égard.

L'erreur que je signale a pris sa source dans un passage des lettres-patentes données par François Ier, le 27 juillet 1527, dans le préambule desquelles on lit : « François. . . . sçavoir faisons,
» nous avoir reçu l'humble supplication de nos chers et bien amés
» les manants et habitants de notre ville de Dome en Périgord,

» contenant que en ladite ville. . . . en le temps passé, estoient
» plus de trois mille maisons, desquelles y a encore apparence
» évidente. . . . . »

Mais il faut bien remarquer que dans ce préambule, ce n'est pas François I qui parle : ce sont les habitants de Dome : le secrétaire de François I n'a fait que copier ce que contenait leur *supplication*. Or, dans cette *supplication*, ils demandaient le maintien et la confirmation de leurs priviléges ; et pour l'obtenir, ils peignaient des plus tristes couleurs l'état présent de leur ville, état auquel ils opposaient, dans le but de le rendre plus saillant, un tableau exagéré de leur prospérité passée et de l'importance de Dome : ils allaient même jusqu'à attribuer à Philippe I la fondation de la ville (onzième siècle), tandis qu'en réalité Dome n'a été fondée que par Philippe III, au treizième siècle.

On voit par là le peu de confiance que mérite le préambule de ces lettres-patentes.

Recherchons d'ailleurs à quelle époque Dome a pu avoir une population aussi nombreuse que celle que lui assigne la *supplication* de 1527.

Ce n'est pas au quinzième siècle, puisqu'en 1412 il n'y avait pas à Dome cent paroissiens.

Ce n'est pas au treizième siècle, puisque la ville n'a été fondée qu'en 1280, et qu'on n'improvise pas une population, comme on bâtit une muraille ou un château.

C'est donc nécessairement dans le quatorzième siècle que l'on doit trouver cette population si florissante.

Mais c'est précisément pendant ce siècle que Dome eut à soutenir contre les Anglais une guerre acharnée : il n'est donc pas possible que cette guerre ait peuplé le pays qu'elle ravageait ; il n'est donc pas possible que Dome, à cette époque, ait eu plus de 3000 maisons ; ce qui, en comptant seulement quatre habitants par maison, donnerait un total de plus de 12,000 âmes.

12,000 âmes à Dome, pendant le quatorzième siècle ! quelle exagération ! Et pourtant cette exagération est la conséquence indispensable du préambule des lettres-patentes de François I.

(16) L'établissement de ces foires n'est pas le premier indice de commerce que nous fournisse l'histoire de Dome.

Déjà l'on a vu par l'acte du 22 mars 1350 (*v. st.*) que les marchands qui fréquentaient Dome étaient exposés à être dépouillés par les routiers qui infestaient le pays. (*Ubi mercatores depredando.*)

D'un autre côté, les archives de Dome renferment un titre de 1367, relatif à la forêt de Born, et dans lequel se trouve rapporté un acte de 1290 : ce dernier énumère les marchandises, frappées d'un droit de péage, lorsqu'elles traversaient le territoire de Dome et celui de Dome-Vieille : ces marchandises sont : le gingembre, le poivre, le sel, le suif, la cire; le cuivre, l'étain, le fer, et autres métaux ouvrés ou bruts; les étoffes de laine, de lin, de chanvre; le cuir, le verre, les poteries, les bois travaillés, les viandes fraîches ou salées, les poissons frais ou salés, les fromages, le vin, l'huile, les noix, les amandes, les pommes, les poires, les châtaignes, les fèves, les pois, le froment, le seigle, l'orge, l'avoine, les chevaux, les ânes, les bœufs, les cochons, les moutons et les chèvres.

J'aurais vivement désiré pouvoir reproduire cet acte dans son entier, ou du moins en donner une analyse étendue ; mais le peu de temps que j'ai pu employer à explorer les archives de Dome ne me l'a pas permis. Cet acte, qui d'ailleurs est assez difficile à lire, surtout pour des yeux aussi peu habiles que les miens, se compose de diverses feuilles de parchemin, qui, réunies les unes aux autres, ont plus de vingt pieds de longueur.

(17) Jean de Vivant, seigneur de Doyssac, fils aîné de Geoffroy, est l'auteur de ces *Mémoires* : « J'ai pris soin, dit-il, de dresser ce
» petit abrégé des faits et vie du feu sieur de Vivant, mon père, et
» des charges dont il s'est lui-même honoré, ayant vu et commu-
» niqué avec ceux qui l'ont accompagné en ses exploits, et avec
» ceux du contraire parti, qui l'ont survécu. Je suis témoin ocu-
» laire de ce qui est de mon temps, et proteste que j'ai couché
» l'un et l'autre le plus simplement et véritablement que j'ai pu,
» et que j'ai laissé d'y mettre beaucoup d'autres choses, pour n'en
» pouvoir bien apprendre la vérité. Les formes et particularités de
» la plupart de ces exploits sont quasi incroyables, que j'attribue,
» les voyant, à une bénédiction particulière de Dieu, qui était sur
» ce personnage, qui a aussi continué en beaucoup d'occasions

» sur moi, dont je rends à l'Éternel de très-humbles grâces, que je
» supplie ne les retrancher pas, qu'il ne m'ait retiré en son royaume
» céleste, comme il a fait mon dit sieur et père. Amen.—J'escrivis
» ceci à Doyssae, le 12 décembre 1620. Vivant. »

Il existe, à la bibliothèque du roi, une copie de ces mémoires, faite par G. V. Leydet, chanoine de Chancelade. A la fin de cette copie, on lit : « Je déclare avoir tiré ces mémoires et lettres ci-
» dessus des archives de Doyssac, en Sarladais : les originaux
» m'en ont été prêtés par M. de Siorac, héritier de la branche
» principale de la maison de Vivant. Leydet, 1769, en décembre.»

(18) *Lo Crozo tencho* est située au-dessous de la maison de M. de Milhac. En 1834, M. Jules Sarlat, aujourd'hui lieutenant du Génie, a bien voulu se charger, à ma sollicitation, de vérifier les indications données par Vivant : il a constaté qu'elles étaient exactes, et qu'elles s'appliquaient bien à la caverne qui porte encore le nom de *Crozo tencho*.

(19) *Morte-paye* se dit des militaires entretenus dans une garnison tant en paix qu'en guerre.

(20) Cette maison s'appelle encore *lo moyou del sol*.

(21) L'église qui existe aujourd'hui a été bâtie en 1622, c'est ce que nous apprend l'inscription gravée sur une pierre qui se voit dans l'une des salles de l'hospice de Dome, et qui porte : « L'an 1622, le 25 mars, la première pierre pour la redificasion
» de l'églize Notre-Dame-du-Mont de Dome, a été posée par les
» 4 consulz et caindic de la prézante année.... »

L'édifice fut construit par Henri Bouyssou, de Montpazier : La ville paya à ce maître maçon 4500 livres en argent : elle lui fournit en outre 500 journées, tous les bois nécessaires et les pierres de la citadelle.

Cette dernière circonstance est remarquable, car elle fait voir que les pierres de la première église, que Vivant, en 1589, avait employées à la construction de la citadelle, servirent quelques années plus tard à l'édification de la nouvelle église.

(22) J'ignore l'époque précise de la fondation de ce couvent : il existait déjà dans les premières années du quinzième siècle : car le

chanoine Tarde rapporte qu'en 1411 le général des Augustins étant à Toulouse, et ayant appris que les religieux du couvent de Dome ne vivaient pas suivant la règle, envoya deux religieux du même ordre pour les réformer.

Au seizième siècle, les Augustins de Dome voulurent établir (sans doute dans le but de s'exempter de payer l'impôt connu sous le nom de *don gratuit*) que leur couvent avait été fondé par un roi de France ; et à cet effet leur syndic provoqua une enquête qui fut faite à Sarlat, le 28 juillet 1533, devant Raymond de Prouhet, lieutenant-général en Périgord.

Dans cette enquête, qui fait partie des archives de l'hôtel-de-ville de Dome, plusieurs témoins viennent déclarer « qu'ils ont
» fréquenté ledit convent par plusieurs foys, et ont ouy dire et
» tenir publiquement que ledit convent estoit fondé de fondation
» royale, et se y célèbre une messe à l'intention du Roy notre
» sire, touts les jours de la sepmaine, comme ils ont ouy dire :
» disant en oultre que ledit convent est povre tellement, que les
» religieulx d'icellui ne y peuvent célébrer le service divin ; et la-
» dite église n'a point de cueur, pour dire les heures, comme aux
» aultres convents, et est descoubverte, et y pleut ; et est tellement
» povre ledit convent, que les religieulx d'icellui ne y peuvent
» vivre, causant la povreté du pays et lieu où est situé, et a
» demeuré imparfaict à cause des guerres estant au présent pays
» et duché de Guyenne, puys la fondation dudit convent ; et est
» nothoire au présent pays.... »

Ces déclarations prouvent bien *la povreté du convent, et des religieulx d'icellui;* mais elles sont loin de prouver que *le convent a été fondé de fondation royale.* Les témoins sont des *marchands ou praticiens de la ville de Sarlat* qui ne pouvaient avoir des connaissances bien exactes sur le point qu'il s'agissait d'éclaircir, et qui d'ailleurs ne disent que *comme ils ont ouy dire.* Un seul des émoins entendus, *noble Jean de Clayrens, prieur de l'église cathédrale de Sarlat,* aurait pu posséder et fournir des renseignements dignes de foi ; mais celui-ci *a dict comme les précédents, ormys qu'il ne scait point si ledit convent estoit fondé par fondation royalle ou non.*

Quoi qu'il en soit, le nombre des religieux de ce couvent était fort restreint : il n'y avait à Dome qu'un prieur, deux pères, un frère qui fesait à l'intérieur les fonctions de domestique, et un domestique qui s'occupait de l'extérieur.

Les Augustins chassés par Vivant ne furent rétablis à Dome qu'en 1617. L'année suivante on fonda chez eux (v. la note 27) un collége, ou plutôt une école, dans laquelle on enseignait la lecture, l'écriture, le calcul, et les premiers éléments de la langue latine.

Lors de la suppression des ordres monastiques, les bâtiments et les dépendances du couvent furent vendus: ils forment aujourd'hui des propriétés particulières.

(23) C'est cette muraille dont j'ai parlé dans la note 2 ; le terrain sur lequel elle a été bâtie s'appelle encore *lo Citorello*, la citadelle.

(24) *Lo Paliolo* et *l'Ormet*. Un des quartiers de la ville porte encore le nom de *lo Paliolo*. *L'Ormet*, ou *l'Ormée* (lieu planté d'ormes), est aujourd'hui la promenade de *la Barre*.

(25) La vente fut faite le 10 janvier 1592, moyennant 40,000 livres, par-devant Viala, notaire royal à Ville-Neuve. — Le chanoine Tarde rapporte qu'après la prise de Dome, Vivant avait fait inscrire ces deux vers sur la porte des Tours :

> Plustôt le Pape quittera Roumo,
> Que monsieur de Vivant ne quitte Doumo ;

et qu'après la vente faite à M. de Thémines, les catholiques du pays ne manquèrent pas de dire que Vivant était un mauvais prophète, puisqu'il avait quitté Dome, et que le pape n'avait pas quitté Rome.

(26) Plusieurs fois les Élus de Sarlat portèrent les habitants de Dome sur le rôle des tailles ; mais le Conseil d'état repoussa leurs prétentions (arrêt du 5 avril 1662), et maintint la franchise de la ville de Dome. Toutefois, quelques années avant la révolution de 1789, cette franchise cessa d'être entièrement respectée, notamment à l'égard du droit de franc-fief.

— En 1728, monseigneur Denis-Alexandre Leblanc, évêque de Sarlat, fit assigner les consuls de Dome devant le parlement de Bordeaux, pour *se voir condamner à lui rendre foi et hommage, faire serment de fidélité, payer lods et ventes*, etc., etc. Le 17 mai 1732, le parlement donna gain de cause à l'évêque; mais le 31 mars 1738, un arrêt du Conseil-d'État cassa et annula l'arrêt du parlement de Bordeaux.

(27) Par son testament, en date du 16 décembre 1575, Jean de Gourdon, juge châtelain, avait donné à la ville de Dome une somme de 4000 livres, pour fonder un hôpital. Le s. de La Brouhe, héritier de Jean de Gourdon, ne se hâta pas d'exécuter les volontés du testateur: des poursuites furent dirigées contre lui; enfin, en 1618, il paya le montant du legs, plus 1000 livres pour les intérêts; mais cette somme fut divertie de sa destination première, et employée à fonder une école chez les Augustins (V. la note 22).

FIN.

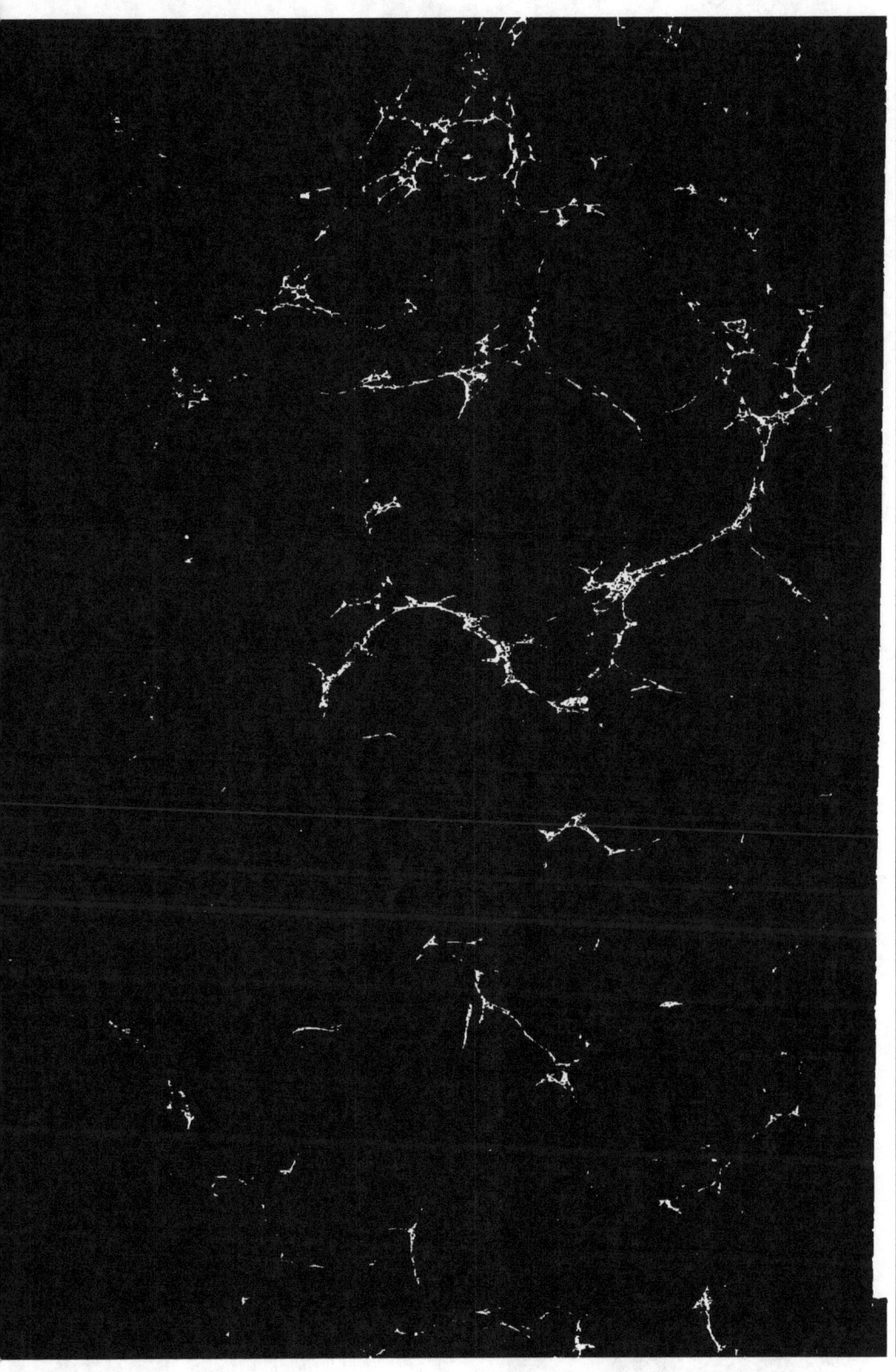

www.ingramcontent.com/pod-product-compliance
Lightning Source LLC
LaVergne TN
LVHW050634090426
835512LV00007B/837